明日、
パリを歩くなら

何度でも迷い込みたい
小道のお話

トリコロル・パリ
荻野雅代 桜井道子

JIYUKOKUMINSHA

Prologue

はじめに

焼きたてのクロワッサン、ずっと見たかった絵画、夜空にキラキラと輝くエッフェル塔……パリでの思い出はたくさんありますが、旅を終えてしばらくして、みなさんがいつもの日常に戻ったとき、ふとした瞬間に思い出すのは案外、偶然迷い込んだパッサージュや古びた石畳の小道、カフェのテラス席から眺めていた広場の光景だったりするかもしれません。

この『明日、パリを歩くなら』は、誰もが知る有名な観光スポットのある通りから、普段何気なく歩く名も知らぬ小道まで、トリコロル・パリが大好きなパリの通りや広場、パッサージュを、写真とともに紹介する一冊です。

移りゆく時代の中で何度も名前を変えながら残っている通り、なぜこの名前がついたのだろう？ と不思議に感じる通りは、調べてみると、それぞれの物語や長い歴史が隠れていて、その当時のパリの様子が目に浮かぶ感覚になります。

どんな通りも、季節や一日の時間帯によってさまざまな表情を見せてくれるので、パリを20年以上知る私たちも、歩くたびに新鮮な驚きがあります。たとえ同じ場所でも、気がつくとまた、写真を撮ってしまうから不思議です。

パリは、とにかくふらりと歩いてみるとその魅力がよりわかる街。これから旅行を予定している人はもちろん、すぐには行けないという人も、パリを歩く自分の姿を思い描きながら、この本をお楽しみください。

Sommaire

もくじ

Plan de Paris

パリ市街マップ

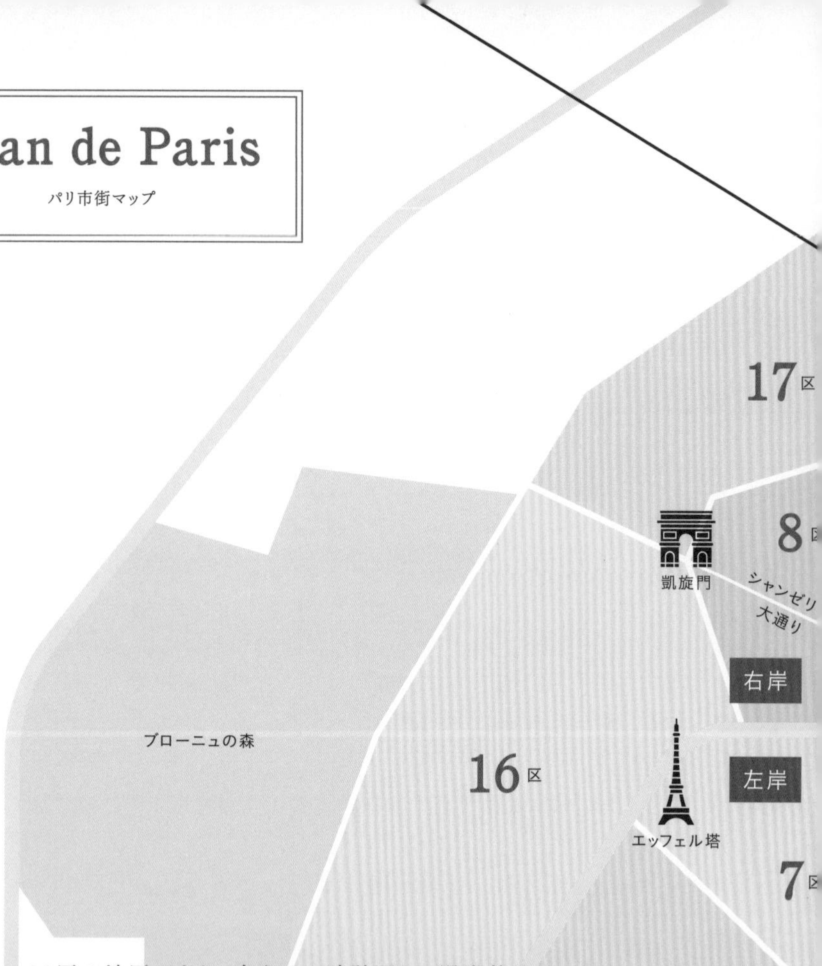

パリには1～20区の地区があり、中心から時計回りで渦巻状に並んでいます。街の中心を東から西へと流れるセーヌ川をはさんで、北（上側）を「右岸（Rive《リヴ》 droite《ドロワット》）」、南（下側）を「左岸（Rive《リヴ》 gauche《ゴーシュ》）」と呼び、お目当てのスポットがどちらに位置するか知っておくと、パリ歩きがよりスムーズになるでしょう。

右岸は、シャンゼリゼ大通りや凱旋門、オペラ座、ルーヴル美術館といった華やかな見どころと、モンマルトルやマレ地区の庶民的な空気が混在し、独特な魅力があります。左岸は、エッフェル塔や学生街のカルチエ・ラタン、文豪が集ったサン・ジェルマンのカフェやブラッスリーなどが点在し、文芸の香りが漂うシックな雰囲気に包まれています。ちなみに、セーヌ川に浮かぶシテ島とサン・ルイ島は、右岸になります。

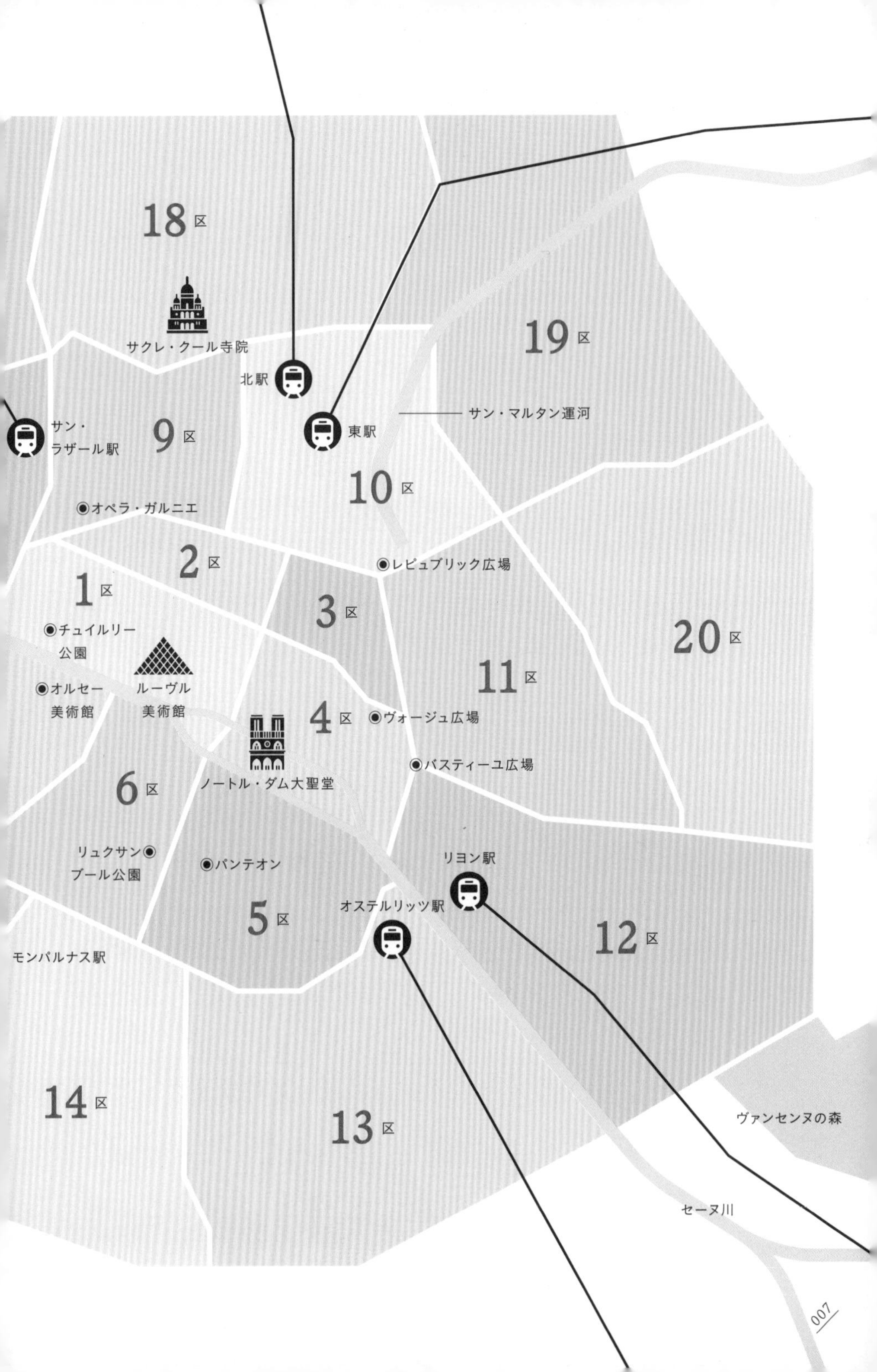
18区
サクレ・クール寺院
北駅
東駅
19区
サン・マルタン運河
サン・
ラザール駅
9区
10区
オペラ・ガルニエ
2区
レピュブリック広場
1区
3区
チュイルリー
公園
20区
11区
オルセー
美術館
ルーヴル
美術館
4区
ヴォージュ広場
バスティーユ広場
ノートル・ダム大聖堂
6区
リュクサン
ブール公園
パンテオン
リヨン駅
オステルリッツ駅
5区
12区
モンパルナス駅
14区
13区
ヴァンセンヌの森
セーヌ川

1区

Galerie Véro Dodat

ギャルリー・ヴェロ・ドダ

ギャルリー・ヴェロ・ドダ

1826年に誕生したギャルリー・ヴェロ・ドダは、生みの親である精肉店を営むヴェロ氏と資本家のドダ氏の名前を冠したパッサージュ。当時、繁盛していた乗合馬車の会社がすぐ近くにあったことが功を奏し、乗車待ちの客たちがそぞろ歩く人気の場所となりました。今は、昔ほどのにぎやかさはないものの、美しいネオクラシック建築を愛でに、多くの人々が訪れます。一番の特徴である白と黒の大理石の床は、長さ80mの通路に奥行きを持たせる視覚効果を狙って、あえて菱形に並べられているそう。店舗の扉の高さを統一して遠近法を強調したり、壁に鏡をはめ込んで空間に広さを持たせたりと、細やかな工夫が装飾の中にちりばめられています。

Rue de Viarmes

リュ・ドゥ・ヴィアルム

ヴィアルム通り

地下鉄ルーヴル・リヴォリ駅からルーヴル通りを北に3分ほど歩くと、右手に神殿のような円形の建物が見えます。18世紀後半に穀物取引所として建設され、19世紀末から商品取引所として使われたのち、2021年に「ブルス・ドゥ・コメルス」という美術館として生まれ変わりました。フランスの実業家で大富豪、フランソワ・ピノーの現代美術コレクションを展示し、安藤忠雄が内装を手がけたことでも有名です。美術館の入口を含む、半円形の通りがヴィアルム通りで、ヴィアルムは穀物取引所を建てた当時のパリ市長の名前です。

Quai des Orfèvres

ケ・デ・ゾルフェーヴル

オルフェーヴル河岸

シテ島の南西側、ポン・ヌフ（P.18）とサン・ミッシェル橋に挟まれたオルフェーヴル河岸。名前を聞いて、パリ警視庁を思い浮かべた人はかなりの推理小説マニアでしょう。1913年から2017年まで、この河岸の36番地にはパリ警視庁があり、数々の小説や映画の舞台となった伝説的な場所です。写真は、対岸から見たポン・ヌフ寄りの風景で、壁の色も屋根の形もさまざまなスタイルのアパルトマンが肩を並べる姿がとてもかわいいです。川べりに整列する木々、等間隔に置かれたベンチ、壁に沿う階段もパリらしさがいっぱいです。

Rue Coquillière

リュ・コキエール

コキエール通り

中世から大きな市場があったレ・アールのそばから延びる通り。市場はパリ郊外に移転しましたが、6番地のブラッスリーや18〜20番地のE.DEHILLERIN《ウ・ドゥイルラン》といった当時の雰囲気を今に伝えるお店が残っています。ドゥイルランは1820年の創業当時から現在まで、プロフェッショナルな調理器具を扱うお店で、大統領官邸や一流レストランが顧客リストに名を連ねています。シックなグリーンのファサードを眺めながら、かつて市場で食材を調達した料理人たちがここに立ち寄って道具を選んでいたのか、と思いをめぐらすのも楽しいです。

Passage Saint Roch

パッサージュ・サン・ロック

サン・ロック教会のパッサージュ

ここはサン・ロック教会の東側の外壁に沿った90mほどの短い通りで、1741年に作られました。パッサージュとはいえ、商店が並ぶことはなく、通り抜けできる小道、という意味で使われています。19世紀にはなんと、「狭くて汚く、汚水が垂れ流されていて不潔」と記録されていたというこの通りですが、そんな過去が信じられないくらいに静謐な雰囲気をたたえる場所です。教会の扉の色、その下にある階段、そこにかぶさるように茂る木、独特な色合いの石畳、そのすべてが美しく、フォトジェニックです。

1区

Place Colette

プラス・コレット

コレット広場

グルニエ・シュル・ロ通り（P.68）と交わる、同じくらい古い13世紀の通りで、かつて、この近くのセーヌ川のほとりにあった風車小屋の名前がつけられています。ルイ・フィリップ橋の近くから、なだらかな上り坂の石畳の道が始まります。サン・ジェルヴェ教会がすぐそばにそびえ、向かって左側にはレストランやカフェのテラスが広がっていて、いつもたくさんの人でにぎわう気持ちのいい場所。さらに奥に進むと急に道が細くなり、16〜17世紀に建てられた古い建物に囲まれます。まるで中世のパリを歩いているような錯覚に陥る、短いけれど印象的な通りです。

訂正とお詫び

本書（第1刷〜第3刷）14ページの一部におきまして誤りがございます。右が正しい内容です。

オペラ大通りとサン・トノレ通り（P.40）が交わるところにあるこの広場は、『青い麦』で知られる作家コレットが名前の由来。パレ・ロワイヤル（P.22）の一角、2番地に佇む老舗カフェ、Le《ル》 Nemours《ヌムール》は回廊から広場まで並ぶテラス席が名物で、コレット広場の風景になくてはならない存在です。朝から晩まで毎日休まずオープンしている、パリの伝統的なブラッスリーで、すぐそばにルーヴル美術館もあることから、旅行者が気軽に利用できる便利なアドレス。ジャン＝ミッシェル・オトニエルが2000年にデザインした、パレ・ロワイヤル・ミュゼ・デュ・ルーヴル駅の個性的なエントランスがあるのもこの広場です。

CAFE BAR
CAFE BAR

1区

Galerie Vivienne

ギャルリー・ヴィヴィエンヌ

1823年に誕生し、パリで最も美しいパッサージュと称えられるギャルリー・ヴィヴィエンヌ。プチ・シャン通りに面したエレガントな鉄製の入口をくぐって足を踏み入れると、ガラス屋根から降り注ぐ自然光に照らされた、床のタイルのモザイクや壁の女神のレリーフ、ドーム型の天窓や螺旋階段など、優雅な装飾が当時のまま残され、まるで19世紀にタイムスリップした気分を味わえます。美しく着飾った人々でにぎわった当時の雰囲気そのままに、今もエピスリーやサロン・ド・テ、昔ながらの玩具店や洋品店などが全長176mの通路に立ち並びます。特に、古書や古絵葉書を扱う老舗「ジュソーム書店」の歴史を感じさせる店内は一見の価値あり。

ギャルリー・ヴィヴィエンヌ

1区

Pont Neuf

ポン・ヌフ

ポン・ヌフ

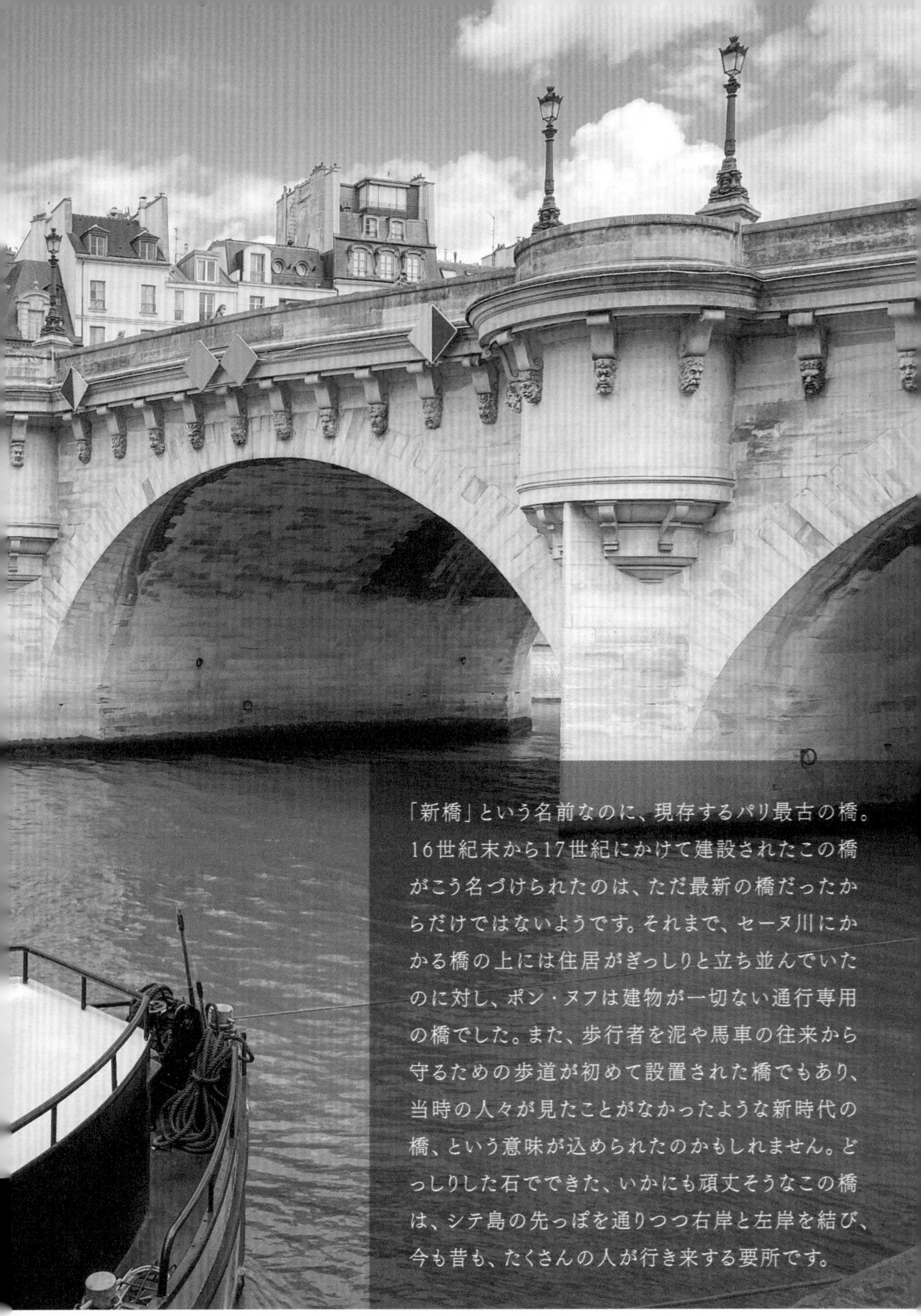

「新橋」という名前なのに、現存するパリ最古の橋。16世紀末から17世紀にかけて建設されたこの橋がこう名づけられたのは、ただ最新の橋だったからだけではないようです。それまで、セーヌ川にかかる橋の上には住居がぎっしりと立ち並んでいたのに対し、ポン・ヌフは建物が一切ない通行専用の橋でした。また、歩行者を泥や馬車の往来から守るための歩道が初めて設置された橋でもあり、当時の人々が見たことがなかったような新時代の橋、という意味が込められたのかもしれません。どっしりした石でできた、いかにも頑丈そうなこの橋は、シテ島の先っぽを通りつつ右岸と左岸を結び、今も昔も、たくさんの人が行き来する要所です。

Place Vendôme

プラス・ヴァンドーム

ヴァンドーム広場

オペラ・ガルニエ（P.172）とチュイルリー公園（P.26）の間にある四角い広場で、パリの一等地、ラ・ペ通りはここから始まります。17世紀末の建設当時にあったルイ14世の騎馬像はフランス革命で壊され、19世紀に、ナポレオンの像を上に頂く円柱が建てられました。この広場はなんといっても高級な宝飾品や時計の老舗メゾンが軒を連ね、最高級ホテルのひとつ、リッツ・パリがあることで世界的に有名。パリで最もラグジュアリーな場所と言っても過言ではありません。美しいジュエリーを眺めつつ、広場をぐるっと一周してみましょう。

1区

Pont au Change《ポン・ト・シャンジュ》

両替橋

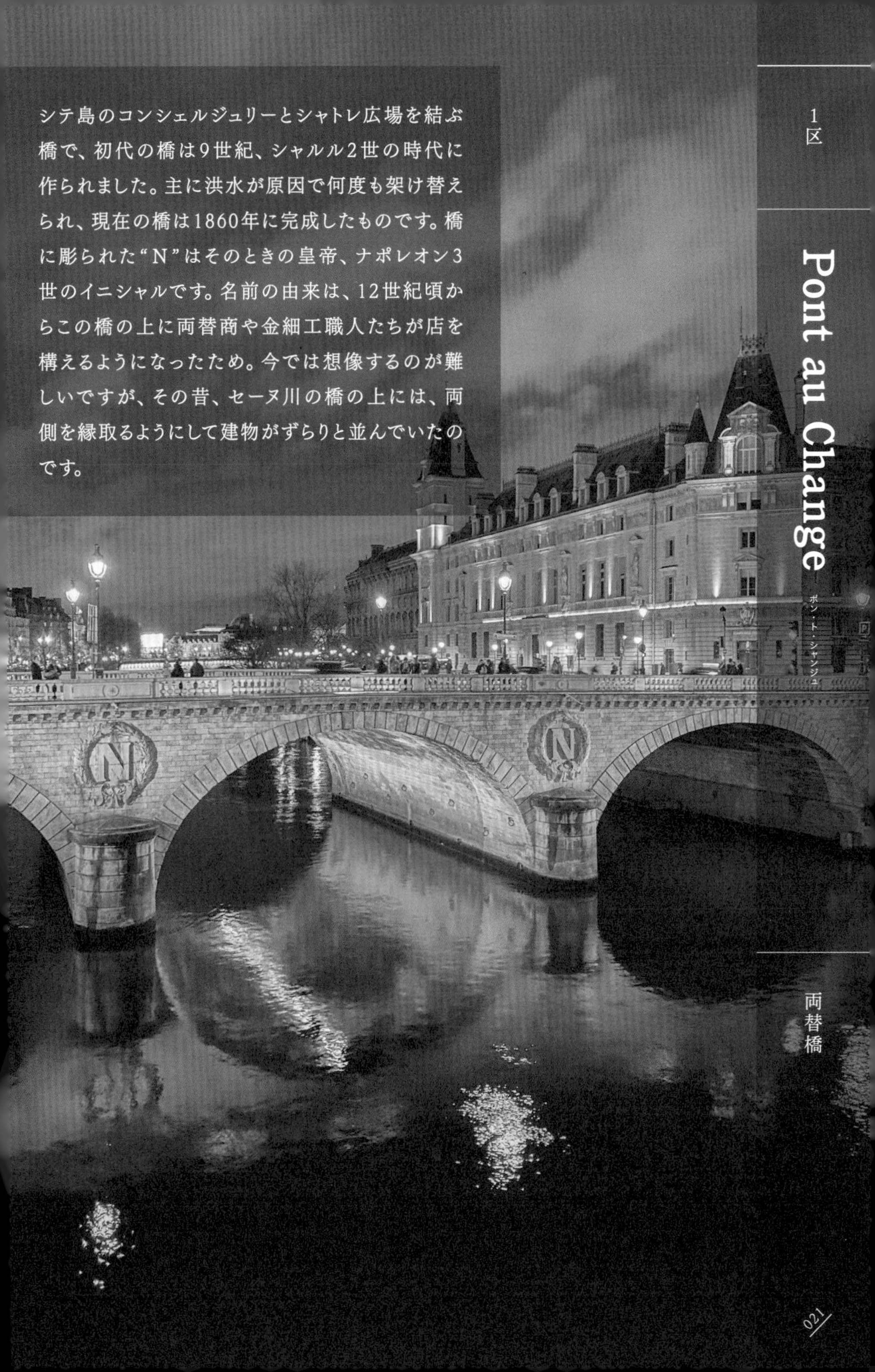

シテ島のコンシェルジュリーとシャトレ広場を結ぶ橋で、初代の橋は9世紀、シャルル2世の時代に作られました。主に洪水が原因で何度も架け替えられ、現在の橋は1860年に完成したものです。橋に彫られた“N”はそのときの皇帝、ナポレオン3世のイニシャルです。名前の由来は、12世紀頃からこの橋の上に両替商や金細工職人たちが店を構えるようになったため。今では想像するのが難しいですが、その昔、セーヌ川の橋の上には、両側を縁取るようにして建物がずらりと並んでいたのです。

Palais Royal

パレ・ロワイヤル

ルーヴル美術館がかつてルーヴル宮殿だった時代、ルイ13世の宰相リシュリューの城館として1628年に建てられたパレ・カルディナルは、その後1643年に、まだ若かったルイ14世とオルレアン公兄弟の住まいとなり、パレ・ロワイヤル（王の宮殿）と名づけられました。現在は、文化省や国務院、国立劇場が入っていますが、美しい並木や噴水のある庭園は誰もが自由に利用でき、憩いの場所として愛されています。中庭の広場には、「ビュランの円柱」の愛称で親しまれる白黒ストライプのアート作品があり、撮影スポットとしても人気。庭園を囲む回廊には、シックなブティックやカフェなどが並び、優雅な散歩道としておすすめです。

1区

Rue de Beaujolais

リュ・ドゥ・ボジョレー

ボジョレー通り

長方形のパレ・ロワイヤル（P.22）を取り囲む道のうち、北側に位置するのがこのボジョレー通りです。100mちょっとの短い通りですが、石造りの建物、シックな色合いの扉、石畳や街灯、そこにあるものすべてが古き良きパリの面影を残していて、この道が作られた18世紀末から、そこまで大きく変わってはいないのだろうと考えるだけでワクワクします。3番地には、円柱がずらっと並ぶ美しい柱廊があり、そこからパレ・ロワイヤルの庭園にアクセスできます。

Impasse Saint Eustache

アンパス・サン・トゥスタッシュ

サン・トゥスタッシュ教会の袋小路

1512年に作られたとても古い通り。Impasse《アンパス》とは袋小路のことで、この通りの突き当たりにはサン・トゥスタッシュ教会の北側の扉があります。もちろんメインの出入口ではありませんが、パリの中でも最大級の教会から外に出たところが、こんなに小さな通りだなんて、面白いですね。そして、精密なモザイクでできた、通り名の表示板にも注目です。このようなモザイクの表示板はたまに見かけますが、昔の人たちの素敵なこだわりが垣間見られてうれしいです。

Jardin des Tuileries

ジャルダン・デ・チュイルリー

チュイルリー公園

ルーヴル美術館（P.38）とコンコルド広場（P.168）をつなぐチュイルリー公園は、16世紀にチュイルリー宮殿の庭園として作られ、17世紀にはヴェルサイユ宮殿の庭園を手がけたル・ノートルにより、芝生や木々が美しい幾何学模様を織りなすフランス式庭園に作り替えられました。池の周りに並ぶ緑色の椅子やレトロなメリーゴーランドはこの公園の名物。夏や冬のバカンスシーズンには移動遊園地が登場したり、クリスマスの時期にはマルシェ・ド・ノエルが立ったりと、季節ごとにいろいろな楽しみを届けてくれます。分刻みでこなす旅の合間、椅子に腰かけて少しだけぼーっと過ごすのも良いでしょう。ふと見上げると、エッフェル塔（P.160）の凛とした姿もそこにあります。

1区

Rue de Rivoli

リュ・ドゥ・リヴォリ

リヴォリ通り

1848年に誕生したリヴォリ通りは、当初、コンコルド広場（P.168）からチュイルリー公園（P.26）の北側に沿って、ルーヴル宮殿まで続く通りでしたが、その後、少しずつ東に延び、マレ地区まで届く3070mもの長い通りとなりました。コンコルド広場とルーヴル通りの間に位置する最も古い区間には、当時珍しかった石造りのアーケードと等間隔に吊るされた美しい街灯が昔の姿のまま残っています。ルーヴル美術館から東に進むと、パリ市庁舎（P.66）、サマリテーヌ（P.42）、サン・ジャック塔（P.70）のほか、周辺にも多くの見どころが点在しているので、リヴォリ通りを中心に、ときには横道にそれつつパリ観光をするのも楽しいでしょう。

ANGELINA

ANGELINA

1区

Square du Vert Galant

スクワール・デュ・ヴェール・ギャラン

ヴェール・ギャラン公園

パリにはスクワールと呼ばれる小さな公園がいくつかありますが、このヴェール・ギャランはなかでも一風変わった存在。セーヌ川に浮かぶシテ島の最西端、ポン・ヌフ（P.18）の途中に立つアンリ4世の騎馬像の裏手にある階段を下りると、緑豊かな公園が現れます。左右をセーヌ川に挟まれた島の先っぽにあるため、スクワール（四角）という名にそぐわない、三角の形をしているのが面白いところ。河岸ギリギリまでアクセスでき、島の先端に腰掛けると、まるでセーヌ川を走る船の上にいるような気分が味わえます。友だちとおしゃべりしたり、静かに読書をしたりと、パリジャンたちが思い思いの過ごし方を楽しむ、秘密の憩いの場所です。

1区

Rue des Prouvaires

リュ・デ・プルヴェール

プルヴェール通り

ショッピングセンター「フォーラム・デ・アール」と隣の公園は最近リニューアルされてモダンになりましたが、もともとは中世から続く生鮮食品の卸売市場が1970年代まであり、さらに13世紀からあるサン・トゥスタッシュ教会（現在の建物は17世紀完成、P.25）もそびえる、歴史の長い地区です。プルヴェール通りを北に向かって歩くと、サン・トゥスタッシュ教会の荘厳な姿が奥に見えますが、まさにこの教会の司祭（中世フランス語でプルヴェール）が13世紀にここに住んでいたため、この名がつけられました。レストランが軒を連ねるにぎやかな通りで、たとえば5番地には市場があった時代から続く老舗レストランがあり、木組みの壁が愛らしいです。

1区

Place Dauphine《プラス・ドフィーヌ》

ドフィーヌ広場

シテ島の西端、ヴェール・ギャラン公園（P.30）のすぐ横にある17世紀初めにできた三角形の広場で、ヴォージュ広場（P.60）と同じくアンリ4世の命で建設され、息子であるドーファン（皇太子）、のちのルイ13世にちなんで名前がつけられました。美しい建物に囲まれたこの広場には、カフェやレストラン、アートギャラリーなどが軒を連ね、暖かい季節にはテラス席も広がって、たくさんの人でにぎわいます。ペタンク場もあり、愛好家たちがゲームに興じる様子を眺めるのも楽しいですね。シテ島という観光地にありながら、のどかな空気が流れる、私たちもお気に入りの場所です。

ALLE A MANGER
CONCOURS de belote

1区

Passerelle Léopold Sédar Senghor

パスレル・レオポール・セダール・サンゴール

レオポール・セダール・サンゴール橋

チュイルリー公園（P.26）とアナトール・フランス河岸を結ぶこの橋は、Passerelle《パスレル》と呼ばれる歩行者専用の橋。1861年の完成時には、ソルフェリーノ橋と名づけられましたが、1999年に、ウッドデッキと鋼鉄の橋柱《はしばしら》が特徴的な、モダンな二重構造の橋として生まれ変わりました。2006年には、詩人であり、アフリカ人として初めてアカデミー・フランセーズの会員となったセネガル初代大統領、レオポール・セダール・サンゴールの生誕100周年を記念して現在の名称になりました。この橋から眺めるオルセー美術館の美しさは絶品です！

Rue de Richelieu《リュ・ドゥ・リシュリュー》

リシュリュー通り

1633年、ルイ13世の城壁建設に伴って作られた通りで、当時宰相として国王に仕えていたリシュリューの名がつけられました。29番地には、いつ前を通っても、店先の四季折々の花が美しい花屋さん、Stéphane《ステファン》 Chapelle《シャペル》があります。11月末から12月にかけては、もみの木が目玉商品。フランスではクリスマスツリーに、プラスチック製ではなく本物のもみの木を使うのが一般的です。シーズン中はネットに包まれた木を抱えて家路を急ぐ人をよく見かけ、クリスマスが近いことを実感するのです。

Place du Carrousel

プラス・デュ・カルーゼル

ルーヴル美術館の中庭にあるガラスのピラミッドと、カルーゼル凱旋門の間に位置する広場で、この2つのモニュメントがとてもよく見える特等席です。ガラスのピラミッドは1989年に完成しました。歴史あるルーヴル美術館の建物と不思議にマッチして、朝昼晩、いつ見てもそのときどきの美しさがある場所です。ナポレオンの勝利を祝い、19世紀初め、凱旋門（P.171）より先に完成したカルーゼル凱旋門も美しいモニュメント。小さいのでレリーフをより間近で観察できます。この門の下からはコンコルド広場（P.168）のオベリスクやシャンゼリゼ大通り（P.166）の奥の凱旋門、さらにはラ・デファンスの高層ビル群まで見晴らせます。

カルーゼル広場

Rue Saint Honoré

リュ・サン・トノレ

全長1840mのサン・トノレ通りは、レ・アール通りからロワイヤル通りまで、セーヌ川に並行するように東西に走る道。レ・アール近くはカフェやレストランが並び雑多な印象ですが、ルーヴル美術館あたりを過ぎると、おしゃれなブランド店が増え、シックな表情を見せます。なかでも特にファサードの美しい老舗が2軒。コレット広場（P.14）の向かい側、155番地にあるストライプのひさしが目印のドゥラマン書店は、1708年創業のパリ最古の本屋さん。そして、233番地のゴヤールはこれまたパリ最古のMalletier《マルティエ》（トランクメーカー）で、1853年の創業以来、その姿を変えることなく、同じ場所に店を構えています。

GOYARD
GOYARD

ALAIN DECAUX
BLANQUI
l'insurgé
CAFE

GALLIMARD
LIBRAIRIE DELAMAIN

Rue de la Monnaie

リュ・ドゥ・ラ・モネ

モネ通り

リヴォリ通り（P.28・58）とポン・ヌフ（P.18）を結ぶ13世紀の通りで、のちに貨幣（モネ）局ができたのが名前の由来です。1870年にサマリテーヌ百貨店が創業し、通り沿いの古い建物は取り壊されました。2021年にリニューアルオープンしたサマリテーヌのメインエントランスは9番地で、アール・ヌーヴォー様式の華やかな装飾のファサードが素敵。新生サマリテーヌは歴史的建築を残したポン・ヌフ館と、新築のリヴォリ館に分かれ、リヴォリ通り沿いの波打つようなファサードは日本の建築ユニットSANAA《サナア》が設計を手がけました。モネ通り、ポン・ヌフ、リヴォリ通り、3つの方角から外観を堪能したら、アール・デコ様式の内装もお見逃しなく。

ERNEST
SAMARITAINE
BUS

1区

Place Sainte Opportune

プラス・サント・オポルチューヌ

サント・オポルチューヌ広場

フォーラム・デ・アールの近くにある広場で、18世紀末まで存在した同名の教会の回廊跡地に作られました。この石畳の小さな広場で一番目を引くのは、堂々とした地下鉄シャトレ駅の出入口です。エクトール・ギマールがデザインしたアール・ヌーヴォー様式のもので、その羽を広げたような形から「トンボ」と呼ばれています。とはいえ、このガラス屋根はオリジナルではなく、2000年に新しく再建されたものですが、優雅な「トンボ」があるだけで、このあたりの風景のパリらしさがぐっと増します。

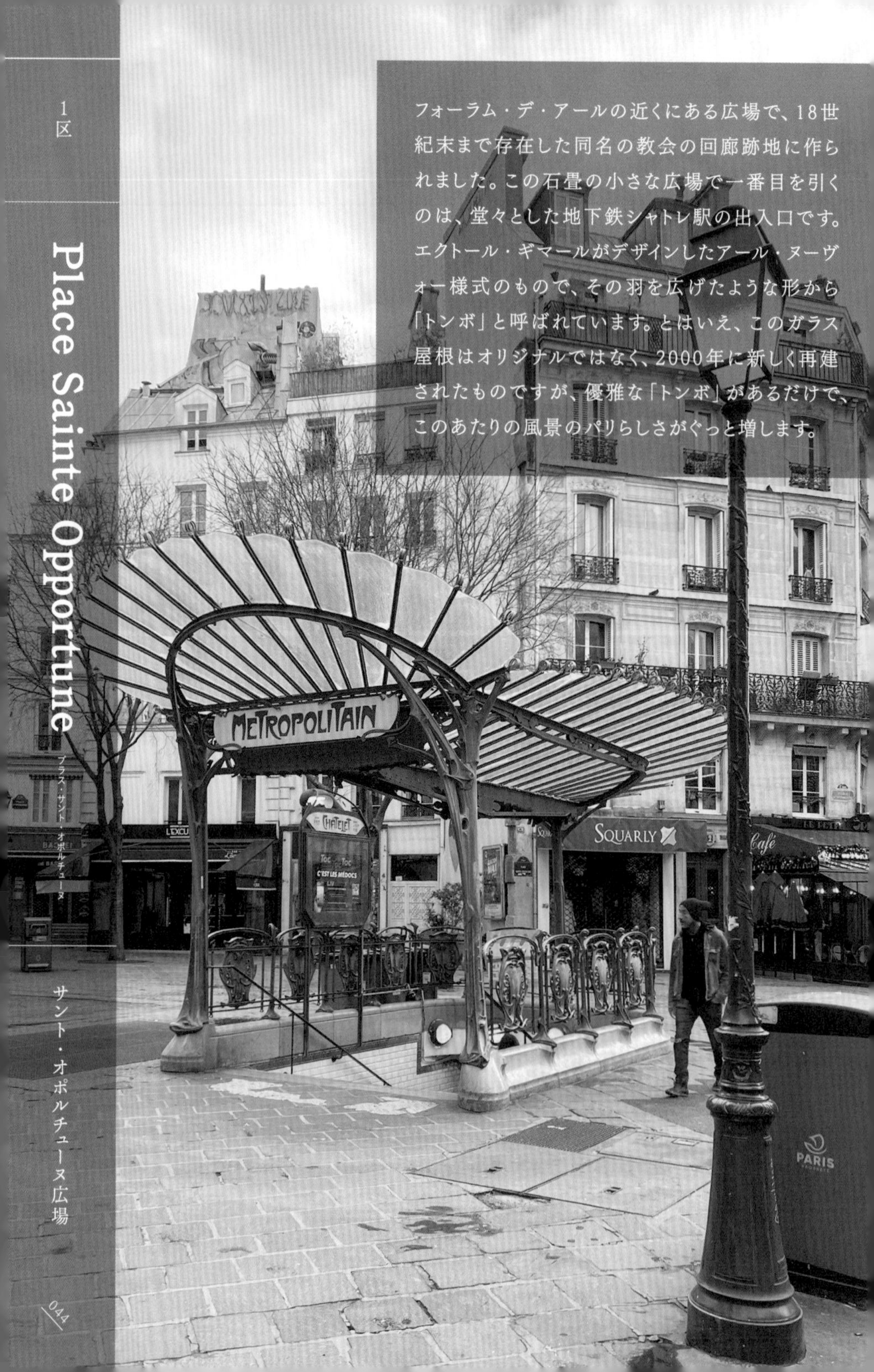

u-delà de
la porte

Rue Montorgueil

リュ・モントルグイユ

サン・トゥスタッシュ教会（P.25）の裏手から北に延びる全長360mのモントルグイユ通りは、気のおけない商店街のような雰囲気が漂うにぎやかな通り。とにかく食べ物屋さんが多く、カフェやビストロ、八百屋や肉屋のほか、チョコレート、ケーキ、パン、アイスクリーム、ワインなど、おいしいものには事欠きません。老舗もたくさんあり、38番地には1832年創業のエスカルゴ専門レストラン、51番地にはパリ最古の菓子店Stohrer《ストレー》、73番地には18世紀のロココ建築が美しい玩具店（看板は昔のカフェのまま）、78番地には1804年創業当時のファサードが残るレストランなど、パリの歴史を垣間見るお散歩コースとしても楽しめます。

R PARISIEN
NNERIE
IE CLES
SERVICE CLES
HAUTE SURETE
EN VENTE IC
DE VAPOTAGE

PATISSERIE
STOHRER
MAISON FONDÉE
EN 1730
CHOCO
PATISSIER STOHRER

BAR
CAFE ★ RESTAURANT

Passage des Panoramas《パッサージュ・デ・パノラマ》
Passage Jouffroy《パッサージュ・ジュフロワ》

ガラスの天井に覆われた通路に小さな店が並ぶパッサージュは、古き良き時代のパリを偲ばせる屋内商店街。19世紀中頃にはパリに150軒を数える人気の施設でしたが、今は30ほどが残るのみ。1800年に誕生したパッサージュ・デ・パノラマは、客寄せのために作られた円形パノラマ(回転画)が名前の由来で、現存するパリ最古のパッサージュ。活版印刷店や切手商など、当時の雰囲気を残す個人商店やレストランが軒を連ね、いつ訪れても多くの人でにぎわっています。モンマルトル大通りを挟んだ向かい側には、パノラマの人気にあやかって1845年に作られたパッサージュ・ジュフロワがあり、古書店やおもちゃ屋さん、ステッキ専門店などが並んでいます。歩き疲れたら、美しいケーキが並ぶLe《ル》 Valentin《ヴァランタン》でひと休みを。

パッサージュ・デ・パノラマ
パッサージュ・ジュフロワ

RESTAURANT
TENZIN
CUISINE TIBETAINE
TETES DE LETTRES
PHILATELIE

BAR
12
VENTE à EMPORTER
9,90
ICI
LE BON PLAN
du midi
9,€90
Burger de Salers
Tartare de boeuf
Boeuf bourguignon
Burger de poulet
+une boisson
11,9
Demi de bière
Verre de Chardonnay
Verre de Languedoc
Coca-Cola
GARCIA
PHILATELIE

Galerie
PARIS
Salon de thé, Restaurant
Plat du Jour
Quiche
Soupe
Café
Thé

Rue Réaumur

リュ・レオミュール

レオミュール通り

フランスの科学者レオミュールの名を冠したこの通りには、美しいけれど画一的なオスマン様式の時代が終わり、より自由で個性的なデザインが花開いた19世紀末から20世紀初頭にかけて建てられた、華やかなファサードの建物が並び、建築好きにはたまりません。ニューヨークのフラットアイアンビルを彷彿とさせるようなビルもいくつかあり、なかでも1898年に完成した130番地のビルは、とにかく細くて印象的。向かって左の道がスケートパークで、石造りの歴史的な建物とアーバンスポーツの組合せが、いかにも「パリの今」らしくて好きです。

Rue des Degrés

リュ・デ・ドゥグレ

ドゥグレ通り

この通りは、全長5.75mのパリで最も短い通り。サン・ドニ門(P.184)からほど近いところにあります。1634年頃、このあたりに残されていたシャルル5世の城壁(14世紀建造)が壊されてできた高低差を埋めるため、14段の階段が作られました。「ドゥグレ」とは、小さな階段のことを指します。窓すらない殺風景な壁に挟まれただけの細い階段や、パリらしい街灯が、この小さな通りに独特な雰囲気をプラスしています。映画や小説に登場したり、ストリートアーティストが作品を残していったり、短いながらも存在感のある通りです。

Passage de l'Ancre

パッサージュ・ドゥ・ランクル

パリ3区、工芸技術博物館の近くにあるパッサージュ・ド・ランクルは、典型的なパッサージュによくあるガラス天井も、商店街らしさもありませんが、正真正銘の、しかもパリで最も古いパッサージュのひとつです。鉢植えがたくさん置かれた緑あふれる細い路地に、かつては職人さんのアトリエだったというカラフルなファサードの建物が並んでいて、秘密にしたいほどのかわいさです。でもその陰には悲しい歴史があります。かつて、ここにはユダヤ人が住んでいましたが、フランスがナチスドイツに占領されていた1942年に、一人残らず強制収容所に移送されてしまったのです。以来ずっと閉ざされたままだったこのパッサージュが再び開かれたのは、ずっと後の1998年のことでした。

QUI DONNERONT DU SENS
TIREZ LA CHEVILLETTE
ET LA BOBINETTE CHERRA

3区

Place de Thorigny《プラス・ドゥ・トリニー》
Rue de Thorigny《リュ・ドゥ・トリニー》

トリニー広場
トリニー通り

街路樹の下に並ぶテラス席の籐椅子、その横に立つ昔ながらのデザインがかわいい街灯……トリニー通りからトリニー広場へと、石畳の小道がゆるやかにカーブを描くこの一角は、なんてことない日常風景なのに、パリらしさを感じさせてくれる場所。エルゼヴィール通りとパルク・ロワイヤル通りの角にある黒いファサードのお店は、1761年にリールで創業した老舗パティスリーのMéert《メール》。濃厚なバニラクリームを挟んだ素朴な味わいのワッフルが名物です。そして、トリニー通り5番地には、塩の徴税人であったピエール・オベールが17世紀に建てた豪奢な邸宅、Hôtel《オテル》 Salé《サレ》(塩の館)があり、今はピカソ美術館になっています。

MEERT
MEERT

3区

Rue de Poitou

リュ・ドゥ・ポワトゥ

ポワトゥ通り

おしゃれなお店が集まる北マレの中でもメインストリートのひとつと言えるポワトゥ通り。ポワトゥはフランスの大西洋岸にあった地方の名前です。17世紀、フランス国王アンリ4世によるマレ地区整備の一環で「フランス広場」を作る計画が生まれ、その広場から延びる通りに当時の地方の名前がつけられました。広場の建設は実現しませんでしたが、通りはそのまま残されたのです。歴史が長いだけあって古い建物が多く、46番地の写真専門ギャラリーのあたりは特に、ファサードの凸凹が面白いです。

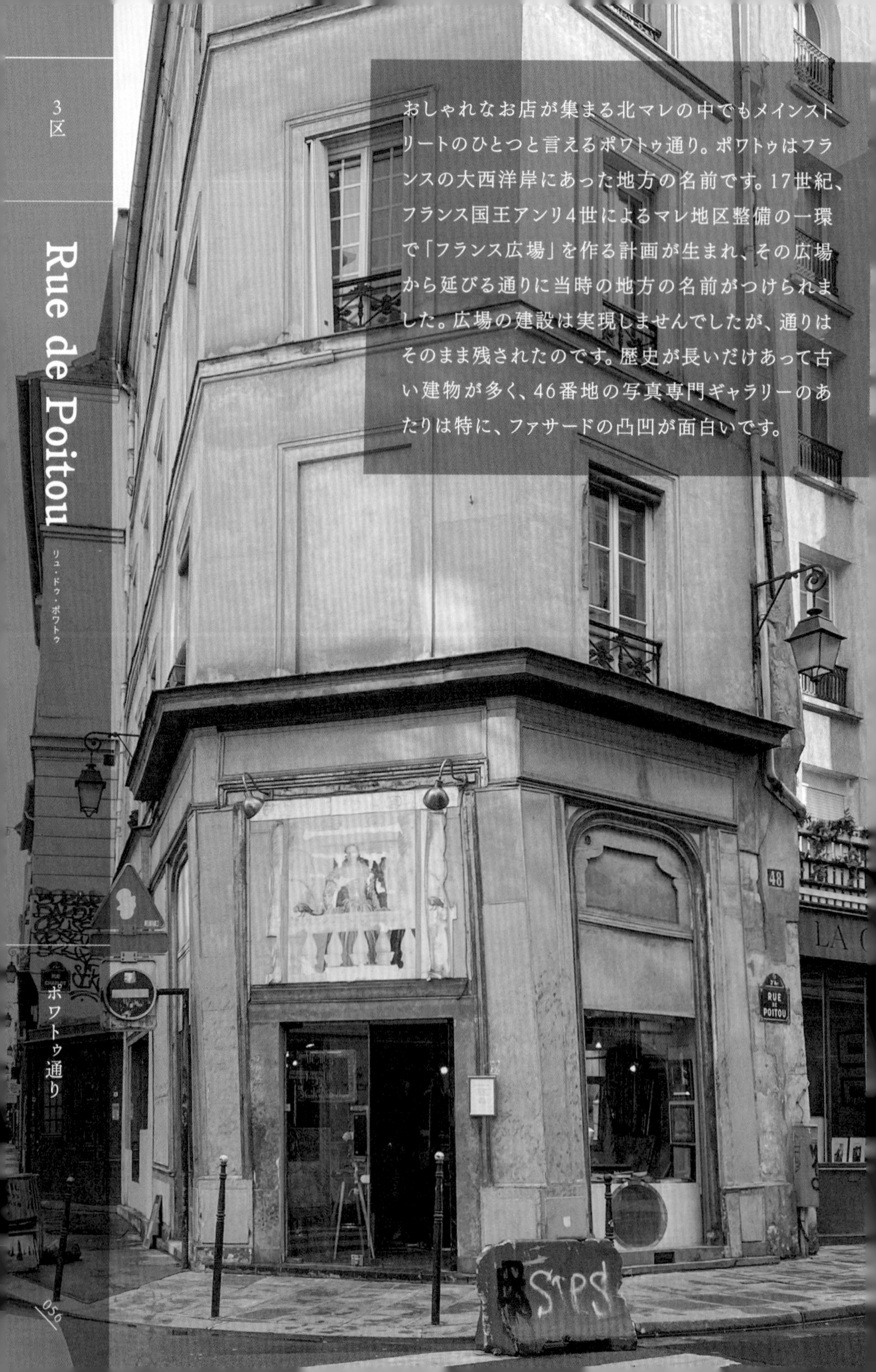

Jolies façades

Rue de Rivoli

リュ・ドゥ・リヴォリ

リヴォリ通り

1区で登場したリヴォリ通り（P.28）ですが、こちらはより新しいマレ界隈の風景です。マレール通りと交わる4番地の角に建つLa《ラ》 Favorite《ファヴォリット》は、ピンク色の造花で覆い尽くされたファサードで知られるカフェ。単色の石造りの建物が並ぶ中、そこだけ春が訪れたような華やかさがあり、思わず足を止めて見惚れてしまいます。こうした造花飾りは近年パリで流行していて、街中で見かけるようになりましたが、人工的だと皮肉る人がいる一方、コロナ禍中の沈んだ気持ちをパッと明るくしてくれた素敵なブームだと個人的には思っています。

Quai d'Anjou

ケ・ダンジュー

アンジュー河岸

セーヌ川に浮かぶサン・ルイ島の北東、ちょうどマレ地区と向かい合うあたりの道がアンジュー河岸です。ルイ13世の弟ガストンの称号、アンジュー公から名づけられました。主に17世紀に建てられた貴族の邸宅がずらりと並び、セーヌ川の眺めと並木、街灯も相まって、映画のワンシーンのような雰囲気がなんとも素敵な場所です。3番地には、ヴェルサイユ宮殿の建築家であるル・ヴォー自身が建てた邸宅があります。その内装は同じくヴェルサイユを手がけたル・ブランによるもの。個人所有なので中を見学できないのが残念です。

4区

Place des Vosges

プラス・デ・ヴォージュ

ヴォージュ広場

17世紀初頭に、アンリ4世のために作られたパリ最古の広場。「プラス・ロワイヤル（王の広場）」という最初の名前から何度かの改称を経て、1800年に現在の名称になりました。赤レンガが印象的な建物に四方を囲まれていることもあり、都会の喧騒と切り離された穏やかな空気が漂います。晴れた日には、芝生の上で自由にくつろぐ人たちでいっぱいになり、地元民の安らぎの場所として愛されていることがわかります。広場を縁取るアーケードには、シックなお店やギャラリーが並び、老舗パティスリーのCarette《カレット》でおいしいケーキを味わうのも楽しみのひとつ。6番地にはヴィクトル・ユーゴーのかつての住まいがあり、無料で見学できます。

4区

Rue des Rosiers

リュ・デ・ロジエ

ロジエ通り

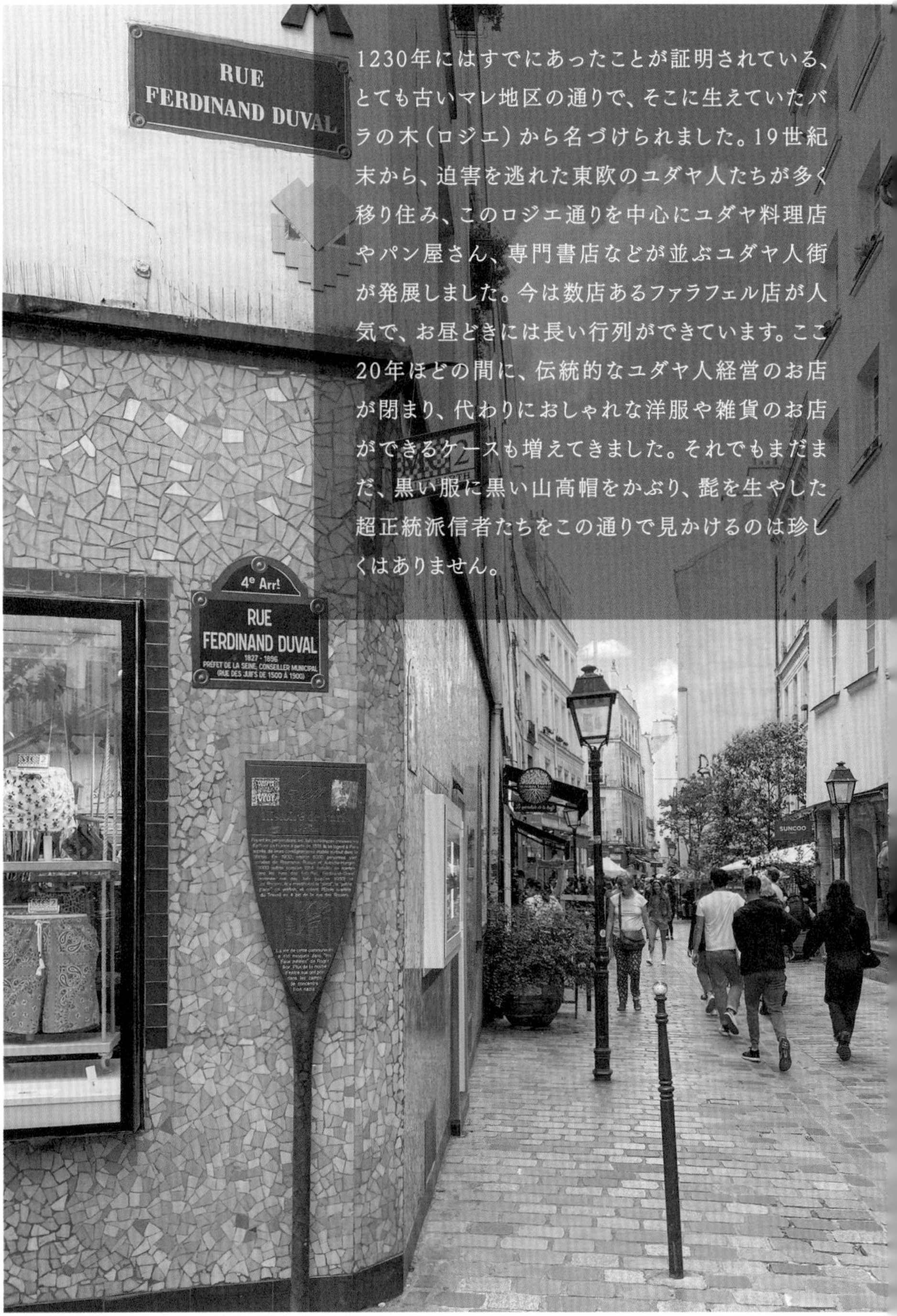

1230年にはすでにあったことが証明されている、とても古いマレ地区の通りで、そこに生えていたバラの木（ロジエ）から名づけられました。19世紀末から、迫害を逃れた東欧のユダヤ人たちが多く移り住み、このロジエ通りを中心にユダヤ料理店やパン屋さん、専門書店などが並ぶユダヤ人街が発展しました。今は数店あるファラフェル店が人気で、お昼どきには長い行列ができています。ここ20年ほどの間に、伝統的なユダヤ人経営のお店が閉まり、代わりにおしゃれな洋服や雑貨のお店ができるケースも増えてきました。それでもまだまだ、黒い服に黒い山高帽をかぶり、髭を生やした超正統派信者たちをこの通りで見かけるのは珍しくはありません。

Rue du Pont Louis Philippe

リュ・デュ・ポン・ルイ・フィリップ

ポン・ルイ・フィリップ通り

ルーヴル通りとオテル・ドゥ・ヴィル河岸を結ぶこの道は、すぐ先に、サン・ルイ島（P.86）にかかるルイ・フィリップ橋があることから、「ルイ・フィリップ橋の通り」と呼ばれています。昔から素敵なお店が並び、控えめながらも、この界隈に来ると足を運びたくなる通りです。なかでも10番地に佇む老舗文房具店、Mélodies《メロディー》 Graphiques《グラフィック》は私たちのお気に入り。カリグラフィー用の紙やペン、インクのほか、店主が蚤の市で見つけてきたアンティークの紙ものや雑貨も多く売られていて、いつも美しく飾られたロマンティックなショーウインドウを眺めるのが、この道を歩くときの楽しみです。

Mélodies Graphiques

Place de l'Hôtel de Ville

プラス・ドゥ・ロテル・ドゥ・ヴィル

パリ市庁舎広場

パリ右岸、セーヌ川を挟んでシテ島と向かい合う場所に、14世紀半ばから今も変わらずパリ市庁舎があります。何度か建て替えられ、現在の建物は19世紀後半に再建されたネオルネッサンス様式です。正面のファサードは横幅143m、中央の塔は高さ50mで、とても大きく風格があり、前を通るたびにその美しさに圧倒されます。中世には公開処刑が行われていたという市庁舎広場ですが、今は、冬場にスケートリンクができたり、クリスマス時期にレトロなメリーゴーランドが登場したり、スポーツの試合のパブリックビューイング会場になったり、さまざまな機会に市民たちが集まる大切な場所です。

4区

Rue Grenier sur l'Eau

リュ・グルニエ・シュル・ロ

グルニエ・シュル・ロ通り

ポン・ルイ・フィリップ通り（P.64）と交わる13世紀の古い通りで、セーヌ川の近くに住み（シュル・ロは直訳すると水の上）、この通りに家を数軒所有していたガルニエという人物の名前が時代と共に変化して、グルニエ・シュル・ロ通りになりました。奥に向かってゆるい上り坂になっているのは、実はかつてこのあたりに小さな丘があった名残です。バール通り（P.88）と交わる南の角には、中世の木組みの家が残されています。100mほどの短い通りですが、パリらしい趣のある場所です。

Rue des Francs Bourgeois

リュ・デ・フラン・ブルジョワ

フラン・ブルジョワ通り

アルシーヴ通りからヴォージュ広場（P.60）まで続くマレ地区のメインストリートのひとつ。かつて貴族や上流階級のブルジョワが住んでいた贅沢な個人邸宅が多く並び、現在美術館になっているカルナヴァレ邸もそのひとつです。写真は、この通りの23番地とセヴィニエ通り21番地が交わる角に立つお店。今は洋服屋さんが入っていますが、金色の文字から、その昔パン＆ケーキ屋さんだったことがわかります。このように、古いファサードを大切に保存するフランス人の姿勢と努力に感心します。

Square de la Tour Saint Jacques

スクワール・ドゥ・ラ・トゥール・サン・ジャック

トゥール・サン・ジャック公園

ここ数年珍しくなった雪のパリの風景を撮ったのは、パリ市庁舎（P.66）からほど近いサン・ジャック塔の公園です。ここには12世紀から教会がありましたが、フランス革命後、鐘楼だけを残して取り壊されました。それが今のサン・ジャック塔です。塔をぐるりと囲むこの公園は、19世紀半ば、オスマンによる「パリ大改造」の一環で作られた初めての公園でした。たとえ小さくても、芝生やベンチのある公園はパリのど真ん中では貴重で、いつも訪れる人が絶えません。塔は一般公開されていて（要予約）、高さ62mのてっぺんからの絶景は必見です。

Place Igor Stravinsky

プラス・イゴール・ストラヴィンスキー

イゴール・ストラヴィンスキー広場

すぐ北にあるポンピドゥー・センター（P.93）と同時期の1970年代後半に整備された歩行者専用の広場。1982年にパリ市の依頼でジャン・ティンゲリーとニキ・ド・サンファルが手がけたカラフルな彫像16体をちりばめた大きな噴水が誕生し、ロシア出身の作曲家ストラヴィンスキーにオマージュを捧げる音が鳴る仕掛けがなされています。2011年にはフランスのジェフ・アエロゾルによる巨大な自画像が、さらに2019年にはアメリカのシェパード・フェアリー、フランスのインベーダーの作品が設置され、パリのアーバンアートを象徴する場所です。

4区

Rue Cloche Perce
リュ・クロッシュ・ペルス

Rue François Miron
リュ・フランソワ・ミロン

クロッシュ・ペルス通り

フランソワ・ミロン通り

1250年以前にはすでに存在していたと言われる、とても古い通り。道幅が2～10mと狭く、細く薄暗い石畳の小道に足を踏み入れると、中世のパリに迷い込んだような感覚を覚えます。フランソワ・ミロン通りとロワ・ドゥ・シシル通りを結ぶ途中に、リヴォリ通り（P.28・58）が横断しており、高低差があるため、通りの両側に階段がもうけられています。たった7段の小さな階段と鉄製のアーチ、街灯が、まるで素朴な絵葉書のよう。もうひとつ、この通りを特別なものにしているのが、フランソワ・ミロン通りの角に立つ、コロンバージュと呼ばれる木組みが特徴的な中世の建物。パリではとても珍しく貴重なもので、斜めの外壁にも愛らしさを感じます。

4e Arrt
RUE FRANÇOIS MIRON
PRÉVÔT DES MARCHANDS
RUE CLOCHE PERCE

4区

Notre Dame de Paris
Place Jean Paul II

ノートル・ダム・ドゥ・パリ

プラス・ジャン・ポール・ドゥ

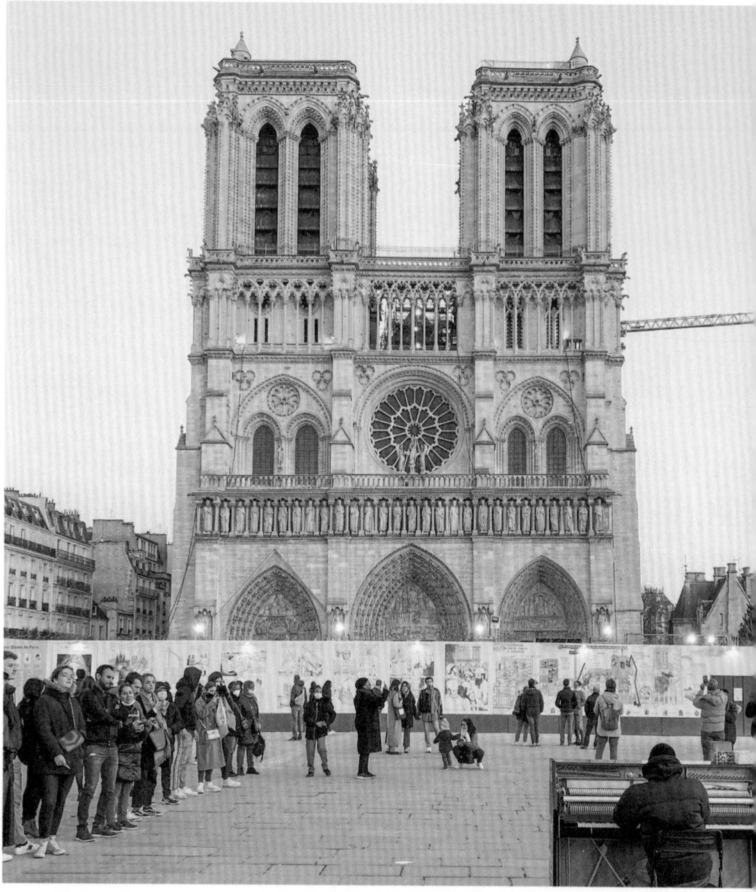

ノートル・ダム大聖堂

ヨハネ・パウロ2世広場

セーヌ川に浮かぶシテ島に立つノートル・ダム大聖堂は、14世紀に完成したゴシック建築を代表する歴史的建造物。今ある風景からは想像しがたいですが、中世の頃は大聖堂のすぐそばまで多くの建物や商店がにぎやかに立ち並んでいました。18世紀頃から少しずつ壊され、オスマンのパリ大改造時に広場が今の大きさになりました。2019年4月15日に発生した大火災により、尖塔や屋根の3分の2が焼け落ち、世界中のたくさんの人々が悲しみに打ちひしがれました。2024年末の一般公開再開に向けて、懸命な修復工事が行われていますが、広場には階段席が設けられ、焼失を逃れたファサードを鑑賞することができます。

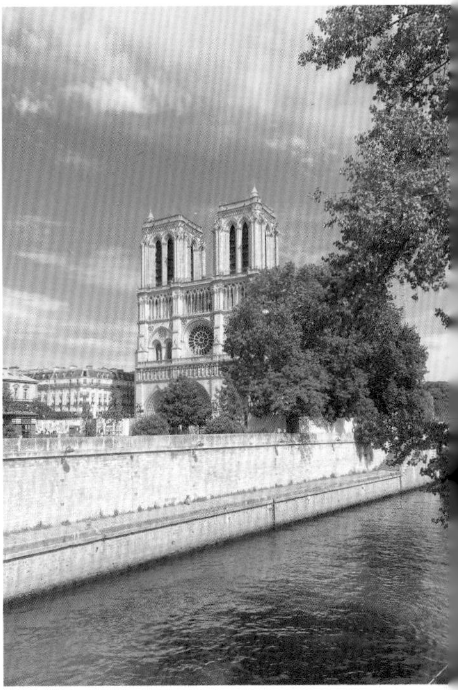

4区

Rue du Bourg Tibourg

リュ・デュ・ブール・ティブール

ブール・ティブール通り

パリ市庁舎（P.66）からほど近いところにあるブール・ティブール通りは、12世紀に作られた長さ171mの短い通り。名前が早口言葉のようで、わけもなく声に出したくなるかわいい響きを持っています。30番地に、格調高いファサードを構えるMariage《マリアージュ》 Frères《フレール》は、長い歴史を誇る紅茶専門店です。ルイ14世の命を受け、1600年頃からペルシャやインドから茶葉を輸入しヴェルサイユ宮殿に納めていたマリアージュ家は、1854年に卸専門の紅茶店を創業。1985年に初めて、一般客向けの店舗をこの通りにオープンしました。優雅な本店で、香り高い紅茶を味わうのも素敵なパリの思い出になるでしょう。

Rue du Trésor

リュ・デュ・トレゾール

「宝の通り」という縁起の良い名前に隠された、ちょっと面白い誕生秘話を紹介しましょう。1882年、ヴィエイユ・デュ・タンプル通りとエクッフ通りの間を通り抜けできる道を作るべく、古い邸宅を解体したところ、がれきの中から7822枚もの金貨が入った真鍮の入れ物が見つかりました。持ち主は謎に包まれたまま、金貨は競売にかけられ、容器と数枚の金貨だけ、カルナヴァレ美術館に展示されることになりました。この出来事を記念して、新しい道は「宝の通り」と名づけられ、奥に「宝の噴水」が設置されました。現在は、街路樹の下にカフェのテラス席やかわいいお店が隠れるようにして並ぶ、石畳の袋小路になっています。

トレゾール通り

ER BAR
LE COMPTOIR
BAR À HUITRES - RESTAURANT

Village Saint Paul

ヴィラージュ・サン・ポール

マレ地区の中でもリヴォリ通り（P.28・58）の南側は、状態の悪い古い建物が密集した不衛生な地区とみなされ、1950年代から70年代にかけて改修と再開発が行われました。ヴィラージュ・サン・ポールと呼ばれる雰囲気の良い小さなエリアも、そのおかげで生まれたスペースが元になっています。アンティークやインテリア、手作りアクセサリーの店やアートギャラリー、レストランなどが、いくつもの建物に囲まれた、連続する5つの中庭にちりばめられています。最近再び改修されてより小綺麗になりましたが、田舎の村のようなのどかな佇まいは変わりません。

ヴィラージュ・サン・ポール

Art de la table

4区

Jardin des Rosiers Joseph Migneret

ジャルダン・デ・ロジエ・ジョゼフ・ミニュレ

ロジエ・ジョゼフ・ミニュレ公園

マレ地区のど真ん中、ロジエ通り（P.62）10番地の小さな門から細い路地を進むと、この秘密の公園が見えてきます。このあたりに現存する3つの貴族の館の庭を合体して作られました。知らなければ決してたどり着けないような公園ですが、もちろん地元っ子たちには有名で、子供たちを遊具で遊ばせる家族連れや、芝生でピクニックする人たち、ベンチでのんびり読書する人たちなどでいつもにぎわっています。とはいえ、マレとは思えない静けさが、なんとも贅沢な場所です。ジョゼフ・ミニュレとは、マレ地区のユダヤ人の子供たちを匿って、強制収容所送りから救った小学校教師の名前です。こんなところにも、この地区の歴史の一端が垣間見えます。

Rue Charles V

リュ・シャルル・サンク

シャルル・サンク通り

中世のフランス国王シャルル5世の名を冠したこの通りは、16世紀から存在し、16〜17世紀の貴族の館が軒を連ねています。建物は、そのまま会社や学校として、または分割して個別のアパルトマンとして使われています。たくさんの改修を経ながらも、こんなに古い建物が今も現役で使われているということ自体にいつも驚かされます。とりたてて目立つ建物があるわけでもないこの通りですが、ただ歩くだけで幸せな気持ちになるのは、パリの長い歴史がにじみ出ているのを感じるからかもしれません。こういう通りを歩くときにはいつも、扉に注目します。石造りの建物の単調なファサードに、色や形が個性的な扉が素敵なアクセントになっています。

II
13

4区

Rue Saint Louis en l'Île

リュ・サン・ルイ・アン・リル

サン・ルイ・アン・リル通り

サン・ルイ・アン・リル通りは、高級住宅地としても知られるサン・ルイ島の端から端まで、東西に横断する目抜き通りです。通りをにぎやかに縁取る旅行者向けのお店の中でも、一番有名なのは、29〜31番地にある1954年創業の老舗のアイスクリーム屋さん、Berthillon《ベルティヨン》でしょう。毎日丁寧に手作りされるここのアイスクリームを味わうために、この島を訪れる人も多く、いつも行列が絶えません。隣のサロン・ド・テでは極上のパフェも味わえます。19番地に立つ古い教会にもぜひ立ち寄って。

Rue des Nonnains d'Hyères

リュ・デ・ノナン・ディエール

ノナン・ディエール通り

マレ地区の地下鉄サン・ポール駅の南、セーヌ川にほど近い139mの通りで、ノートル・ダム・ディエール修道院の修道女（ノナン）がこの通りに家を買ったことが名前の由来です。とても短い通りですが、両側に公園があります。セーヌ川に向かって右側は遊具のある普通の公園ですが、左側は植栽を幾何学的に配置したフランス式庭園です。その奥に見えるのは、中世に建てられた貴族の邸宅で、現在は図書館として使われているサンス館。上品な館と庭園の組合せが、この一角の美しさを際立たせています。

Rue des Barres

リュ・デ・バール

グルニエ・シュル・ロ通り（P.68）と交わる、同じくらい古い13世紀の通りで、かつて、この近くのセーヌ川のほとりにあった風車小屋の名前がつけられています。ルイ・フィリップ橋の近くから、なだらかな上り坂の石畳の道が始まります。サン・ジェルヴェ教会がすぐそばにそびえ、向かって左側にはレストランやカフェのテラスが広がっていて、いつもたくさんの人でにぎわう気持ちのいい場所。さらに奥に進むと急に道が細くなり、16〜17世紀に建てられた古い建物に囲まれます。まるで中世のパリを歩いているような錯覚に陥る、短いけれど印象的な通りです。

4区

Rue Saint Martin

リュ・サン・マルタン

サン・マルタン通り

ノートル・ダム橋からサン・マルタン門まで、パリ右岸を南北に一直線に延びる全長1420mのサン・マルタン通りは、道幅が7.2〜37mとばらつきがあり、場所によってがらりと印象が変わります。トゥール・サン・ジャック公園（P.70）やイゴール・ストラヴィンスキー広場（P.71）、ポンピドゥー・センター（P.93）、パリ工芸博物館といったスポットのすぐそばを通るので、歩くだけでいろんなパリの表情が楽しめます。私たちのお気に入りは、リヴォリ通り（P.28・58）とヴェルリー通りに挟まれた16〜24番地あたりの区間。通りの中央にある遊歩道にまでカフェのテラス席が並び、オープンでおおらかなパリらしい空気を体感できる場所です。

Rue Nicolas Flamel

リュ・ニコラ・フラメル

ニコラ・フラメル通り

14～15世紀に作家で出版業も営んでいたニコラ・フラメルがこの通りに住んでいたことから名づけられました。実は錬金術師で、賢者の石の製造にも成功したという伝説もある謎めいた人物です。この通りはサン・ジャック塔（P.70）の目の前にありますが、まさに、彼はこの塔が鐘楼として使われていたかつての教会に埋葬されました。この通り自体の歴史はもっと古く、沼地だったマレがようやく開墾され始めた13世紀に遡ります。今は中央の大きな花壇の緑が気持ちのいい歩道で、暖かい季節にはカフェのテラス席が広がり、にぎわっています。

Rue du Renard
リュ・デュ・ルナール

Rue Beaubourg
リュ・ボブール

パリで1、2を争う奇抜な建築物といえば、1977年に開館したポンピドゥー・センターでしょう。むき出しの配管設備を赤、青、黄、緑という派手な色で塗装したデザインは、さながら工事現場のようで、パリの景観を損なう建物として当初は多くの批判が寄せられました。展望テラスへのエスカレーターが斜めに走る正面の姿も美しいですが、複雑に絡み合った配管を間近に見られる裏通りからの眺めも最高！ 誕生から40年以上経った今でも、街を歩いていてふとカラフルな配管が目に入ると、ちょっとした異世界感がありゾクっとします。

ルナール通り
ボブール通り

Jolies façades

Quai de Montebello

ケ・ドゥ・モンテベロ

モンテベロ河岸

ナポレオンの時代に活躍した軍人の名前を持つモンテベロ河岸は、セーヌ川を挟んで、シテ島にあるノートル・ダム大聖堂（P.74）の真向かいに位置する道路です。大聖堂のすぐそばの道からは近すぎて全体像が見えにくいので、少し離れたこの河岸がノートル・ダムの横顔を最もじっくり見られる特等席なのです。階段を下りて、川沿いの遊歩道も歩いてみましょう。少し低いところから眺める大聖堂の姿もまた違った味わいがあります。小さめながら美しいドゥブル橋を渡れば、大聖堂の入口はもうすぐそこです。

Place de l'Estrapade

プラス・ドゥ・レストラパード

エストラパード広場

パンテオン（P.106）の南側に佇む三角形のこの広場は、小さな花壇と噴水、ベンチが木々の葉に隠れるようにして配され、カルチエ・ラタン界隈に暮らす人々だけが知る憩いの場です……いえ、でした。というのも、数年前にNetflixのドラマシリーズ『エミリー、パリへ行く』で、主人公が広場の1番地に立つアパルトマンに暮らしている設定から、近所にあるパン屋さんや、男友達が働くビストロですら、突如、人気の観光スポットとなったのです。ちなみに名前の由来は、人を宙吊りにするエストラパードという拷問装置が、1687年までこの広場に設置されていたところから。そんな暗い歴史を打ち消すほど、今は旅行者たちでにぎわっています。

16
BOULANGERIE
Boulangerie
PATISSERIE
Cuisine
Sandwiches

Station Place Monge

スタシオン・プラス・モンジュ

学生の多いカルチエ・ラタンにあるプラス・モンジュ駅周辺は、リラックスした空気が流れる庶民的な界隈。写真はナヴァール通りに面したエントランスで、すぐ裏手に、紀元1世紀の古代ローマ時代に建てられたリュテス円形闘技場の遺跡があることから、石の円柱やアーチなど、その時代を意識したデザインになっています。鉄細工は1930年代のもので、Métropolitain《メトロポリタン》を略してMETROと書くのが斬新なスタイルでした。ちなみに闘技場は今、誰でも利用できる公園になっていて、遺跡という物々しさはなく、階段席にも気軽に座れちゃいます。

Place de la Sorbonne

プラス・ドゥ・ラ・ソルボンヌ

ソルボンヌ広場

13世紀に誕生した、フランス最古の大学であるソルボンヌ大学の裏手に位置するこの広場は、学生街として知られるカルチエ・ラタンを象徴するような、活気あふれる場所。晴れた日には、街路樹の下から噴水の周りまでカフェのテラス席が広がり、地元のパリジャンたちでとてもにぎわいます。広場の奥に見えるのは、大学の敷地内に1642年に建てられたチャペルのうしろ姿。空の青と木々の緑に映えるドーム型の屋根が美しく、こんな風景を眺めながらカフェで宿題ができる学生たちを、ちょっとうらやましく思ったりします。

Rue du Chat qui Pêche

リュ・デュ・シャ・キ・ペッシュ

シャ・キ・ペッシュ通り

「魚を釣る猫の通り」という面白い名前の由来には諸説ありますが、一番ミステリアスなのは、セーヌ川の魚を素早くつかまえる黒猫が悪魔だと怪しんだ3人の学生が猫を殺して川に捨てると、飼い主の司祭も消えてしまった、という伝説です。真偽のほどはわかりませんが、1540年に作られたとき、この通りはセーヌ川の川べりに直接つながっていたそうなので、魚をつかまえた猫が歩いてここまで来る姿が想像できますね。でも、何より不思議なのは、幅が1.8mしかない、すれ違うときに肩が当たりそうなこの道の狭さです。

Square René Viviani

スクワール・ルネ・ヴィヴィアニ

ルネ・ヴィヴィアニ公園

モンテベロ河岸（P.95）沿いにあるこの公園は1928年に作られました。ここの大きな見どころは、フランスで最も古い木があること。1601年に植物学者ジャン・ロバンが植えたこの木は、アメリカ原産のニセアカシアで、当時、フランスに初めて持ち込まれたものでした。420年以上経った今も、元気に青々と葉を茂らせており、「フランスの名木」として保護されています。そして、この公園から眺めるノートル・ダム大聖堂（P.74）の美しさも見逃せません。

Rue Galande

リュ・ガランド

ガランド通り

カルチエ・ラタンはパリの中でも歴史の長い地区で、中世の入り組んだ小道がそこかしこに残されています。ゆるいカーブを描く石畳の細い道に、15〜16世紀の古い建物が並ぶガランド通りは、1202年、実に800年以上も前から存在します。この通りのように、横から見たときにファサードの壁がデコボコしていると、昔の建物だなと実感します。パリには「まっすぐではない」建物が多くて面白いです。サン・ジュリアン・ル・ポーヴル通り（P.107）との交差点には、より高い左右の建物に挟まれる形で17世紀の背の低い2つの建物があります。色合いも雰囲気も、なんとも絵になる一角で、ここを通るたびに写真を撮らずにはいられません。

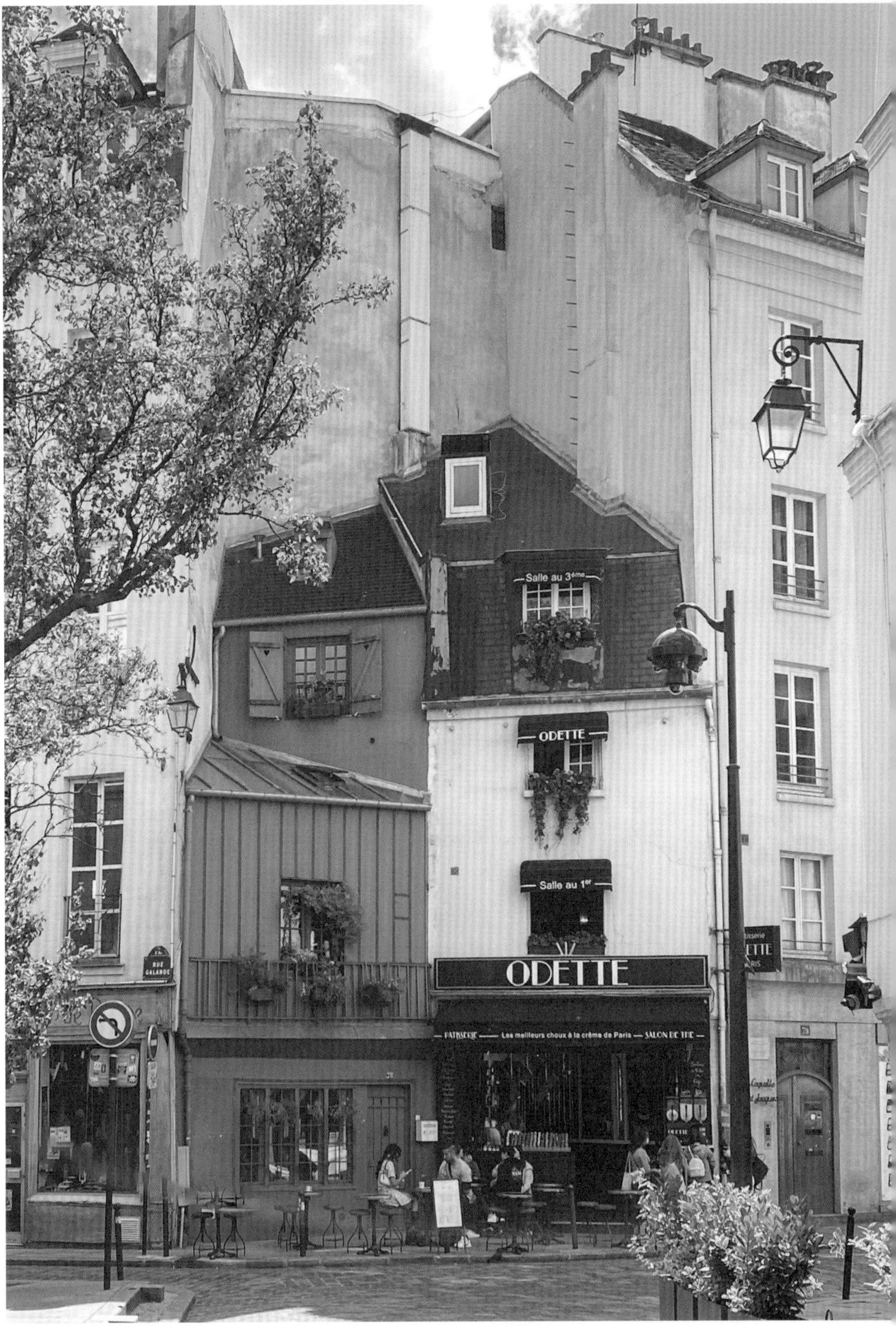
Salle au 3ème
ODETTE
Salle au 1er
ODETTE
PATISSERIE — Les meilleurs choux à la crème de Paris — SALON DE THE
RUE GALANDE

5区

Passage du Clos Bruneau

パッサージュ・デュ・クロ・ブリュノー

パッサージュ・デュ・クロ・ブリュノー

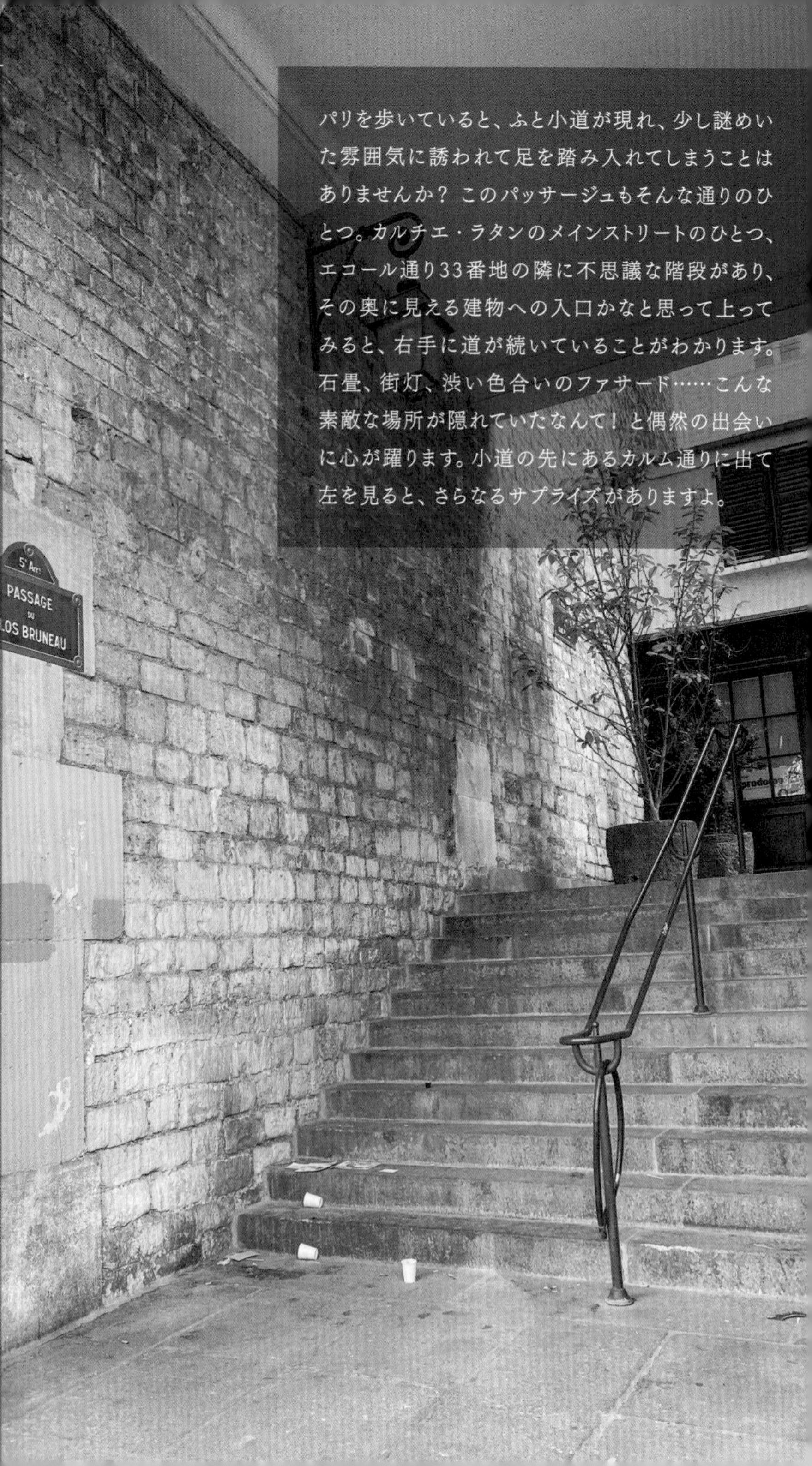

パリを歩いていると、ふと小道が現れ、少し謎めいた雰囲気に誘われて足を踏み入れてしまうことはありませんか？ このパッサージュもそんな通りのひとつ。カルチエ・ラタンのメインストリートのひとつ、エコール通り33番地の隣に不思議な階段があり、その奥に見える建物への入口かなと思って上ってみると、右手に道が続いていることがわかります。石畳、街灯、渋い色合いのファサード……こんな素敵な場所が隠れていたなんて！ と偶然の出会いに心が躍ります。小道の先にあるカルム通りに出て左を見ると、さらなるサプライズがありますよ。

Rue Malebranche

リュ・マルブランシュ

カルチエ・ラタンのシンボル、パンテオン正面のスフロ通り（P.106）から少し入ったところにあるこの石畳の道は、途中で上下2段に分かれる、少し風変わりな通りです。階段を上った部分は元々16世紀から存在した細い通りで、鉄柵のあたりまで建物が立っていましたが、1845年にスフロ通りが開通した際に取り壊されて、道幅が広くなりました。ただ、スフロ通り側との高低差があったため、新たに階段が作られたというわけです。サン・ヴィクトール通り（P.111）と同様に、パリの都市整備の歴史の跡が直に見られるスポットです。

5区

Rue Soufflot

リュ・スフロ

Rue Valette

リュ・ヴァレット

パンテオンの正面からリュクサンブール公園（P.130）までまっすぐに延びるスフロ通りは、大きなドームとコリント式の円柱の凛とした美しさを堪能できるベストポジション。パンテオンの設計を手がけた、18世紀を代表する偉大な建築家ジャック＝ジェルマン・スフロが名前の由来です。一方、パンテオンの北側に位置するヴァレット通りは、赤いファサードがかわいいビストロと、15世紀のレンガ造りの建物越しに、パンテオンの横顔がのぞく素朴な通り。同じモニュメントでも、見る角度によって違う表情を楽しめるのがパリ散歩の醍醐味です。

スフロ通り

ヴァレット通り

Rue Saint Julien le Pauvre

リュ・サン・ジュリアン・ル・ポーヴル

サン・ジュリアン・ル・ポーヴル通り

ルネ・ヴィヴィアニ公園（P.101）に隣接する通りで、公園内にある、パリで最も古い教会のひとつ、サン・ジュリアン・ル・ポーヴル教会（12世紀建造）からその名がつけられました。セーヌ川越しの美しいノートル・ダム大聖堂（P.74）を眺めたら、大聖堂を背にして南に向かって石畳の道を進みましょう。左手に公園の緑が、右手には17世紀の立派な建物が見え、その先には、この素朴な教会の入口があります。突き当たりの通りがガランド通り（P.102）です。このあたりの長い歴史を感じながら、散策を楽しんでください。

Rue Mouffetard

リュ・ムフタール

ムフタール通り

パリ5区、今も下町風情の残る界隈にあるムフタール通りは、すでに4世紀には存在していたと言われる最も古い道のひとつ。141番地に立つサン・メダール教会を出発点に、カフェのテラス席でにぎわうコントルスカルプ広場（P.110）まで、石畳のなだらかな坂道を縁取るように、八百屋さんやお肉屋さん、パン屋さん、ケーキ屋さん、魚屋さん、ワイン屋さん、そしてケバブ屋さんやクレープ屋さんなど、全長650mにわたってグルメなお店がずらりと並んでいます。また、17世紀の水飲み場（60番地）や古い看板（122番地）、壁画（134番地）など、通りのところどころに中世の名残を感じさせる見どころもあるので、ゆっくりと散策してみましょう。

UFFETARD
BISTROT

A LA BONNE SOURCE
122
franprix

48
La Petite Bretonne

Place de la Contrescarpe

プラス・ドゥ・ラ・コントルスカルプ

コントルスカルプ広場

ムフタール通り（P.108）の坂を上りきったところにあるコントルスカルプ広場は、小さな噴水を見守るように立つ2本の木と昔ながらの深緑色の街灯が、不思議と懐かしさを感じさせます。ヘミングウェイの回想録『移動祝祭日』に登場する場所としても知られ、彼が暮らしたカルディナル・ルモワンヌ通り74番地は、広場からほんの数歩のところにあります。カフェのテラスに腰かけて、若きヘミングウェイが生きた狂乱の時代のパリに思いを馳せながら、のんびり過ごすのもいいかもしれません。

5区

Rue Saint Victor

リュ・サン・ヴィクトール

サン・ヴィクトール通り

カルチエ・ラタンの一角、小さな通りにあるちょっと奇妙な2つの短い階段。これは、ナポレオン3世の時代にセーヌ県知事のオスマンが行った「パリ大改造」の際に作られたもの。暗くて風通しが悪く不衛生だったパリの街を、今も花の都と称えられる美しい街へと変えた、この都市整備の一環で、主要道路であるエコール通りが拡張・直線化され、その影響でサン・ヴィクトール通りとの高低差が生まれたからなのです。このような階段はパリにいくつか存在します。見かけるたびに、パリの都市としての変遷に思いを馳せてしまいます。

5区

Rue de la Bûcherie

リュ・ドゥ・ラ・ビュシュリー

ビュシュリー通り

13世紀のとても古い通りで、船で運ばれてきた薪（ビュッシュ）が到着する港が近くにあったことから名づけられました。セーヌ川にはかつて、小麦港や石炭港などさまざまな港があったそうです。現在この通りはルネ・ヴィヴィアニ公園（P.101）で一旦途切れますが、また公園の向こう側から続きます。37番地には、映画にも登場する歴史のある雰囲気と、オリジナルトートバッグですっかりカルチエ・ラタンの名所になった、1951年創業の英語書籍専門店、Shakespeare《シェイクスピア》 and《アンド》 Company《カンパニー》があります。併設のカフェでノートル・ダム大聖堂（P.74）を眺めながらおいしいコーヒーを楽しんだり、テラスでチェスをしたり、思い思いに過ごせる素敵な場所です。

SHAKESPEARE AND COMPANY
SHAKESPEARE AND CO
ANTIQUARIAN BOOKS
YES I WILL

SHAKESPEARE AND COMPANY Café
RUE DE LA BÛCHERIE

Quai de la Tournelle

ケ・ドゥ・ラ・トゥルネル

トゥルネル河岸

左岸にあるトゥルネル河岸は、川べりに腰かけて、セーヌ川に浮かぶ2つの島を眺められる場所。シックなアパルトマンが並ぶサン・ルイ島と、大火事を経験したノートル・ダム大聖堂（P.74）の後ろ姿を拝めるシテ島、異なる雰囲気の景色が左右に広がります。ほかの河岸に比べて川沿いの遊歩道の幅が広いので、のんびりとお散歩するのにぴったりです。川の上の歩道には、パリ名物の古本露天商「ブキニスト」が軒を連ね、深緑色の売店いっぱいに古書や古雑誌、パリの絵葉書や土産物を広げています。

Rue de la Montagne Sainte Geneviève

リュ・ドゥ・ラ・モンターニュ・サント・ジュヌヴィエーヴ

モンターニュ・サント・ジュヌヴィエーヴ通り

その昔、この一帯は小高い丘になっていて、頂上に修道院がありました。羊飼いからのちにパリの守護聖人となるジュヌヴィエーヴが、祈りを捧げるためにこの道を登っていたことから、「聖ジュヌヴィエーヴ山の通り」と名づけられました。細く、曲がりくねった坂道には、中世の香りが今も色濃く残っており、古い石畳を踏みながら歩いていくと、15〜17世紀に建てられたサン・テチエンヌ・デュ・モン教会と、偉人を祀るパンテオン（P.106）が見えてきます。教会前の階段は、映画『ミッドナイト・イン・パリ』の舞台としても有名です。

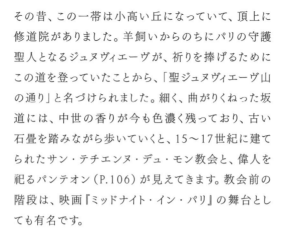

Jolies façades

Rue de Vaugirard

リュ・ドゥ・ヴォジラール

パリ左岸の6区から15区まで、実に4360mもの長さを誇るヴォジラール通りは、パリで一番長い通り。上品だったり庶民的だったり、さまざまな表情を持つこの道ですが、今回私たちが紹介するのは、62番地にある、Le《ル》 Pont《ポン》 Traversé《トラヴェルセ》という歴史的な建物。お肉屋さんとして開業したのち、1949年から2019年までは本屋さん、そして今は素敵なカフェが入っていますが、歴史的建造物に指定されているファサードは昔のまま。壁を飾る牛の頭と、Livres《リーヴル》（本）と書かれた看板が、この建物の変遷を物語っています。

6区

Cour du Commerce Saint André

クール・デュ・コメルス・サン・タンドレ

クール・デュ・コメルス・サン・タンドレ

サン・ジェルマン大通り(P.132)130番地に石造りのアーチの入口があるこの場所は、クール・デュ・コメルス(商業の中庭)と呼ばれる屋外パッサージュのようなもので、サン・タンドレ・デ・ザール通りへと通り抜けできます。フランス革命前の1730年代に通路が作られ、その後さまざまな変遷を経て、現在のような商店やカフェが並ぶ通りになりました。でこぼことした不揃いの石畳を歩くだけで、歴史の長さが伝わってきます。13番地にある老舗、Le《ル》 Procope《プロコープ》は1686年創業のパリ最古のカフェ。ルソー、ロベスピエール、ナポレオン、ユーゴーなど、それぞれの時代を彩った人物たちが数多く集ったことでも知られています。

RELAIS ODEON
Brasserie
BISTRO 1900
BISTRO
RELAIS ODEON
RESTAURANT
CAFÉ
PATISSERIE
VINS
LIQUEUR de MARQUE
BISTRO 1900

6区

Rue Racine《リュ・ラシーヌ》

Rue Monsieur le Prince《リュ・ムッシュー・ル・プランス》

ラシーヌ通り

ムッシュー・ル・プランス通り

カルチエ・ラタンの中心に位置するラシーヌ通りには、2軒の老舗レストランがあります。ひとつは、3番地にある1906年創業のBouillon《ブイヨン》 Racine《ラシーヌ》。19世紀中頃にパリで誕生し大流行した「ブイヨン」と呼ばれるスタイルの大衆食堂で、今もその伝統を守り続けています。もうひとつは、ラシーヌ通りとムッシュー・ル・プランス通りが交わる角に立つPolidor《ポリドール》。1845年に乳製品専門店として開業し、20世紀にビストロになってからは当時の文化人がこぞって集う人気の場所となりました。どちらの店も、金文字の装飾と木造のファサードが美しく、眺めているとその頃のにぎやかな様子が目に浮かぶようです。

郵　便　は　が　き

金受取人払郵便

豊島局承認

4482

差出有効期間
025年10月
1日まで

●上記期限まで
手不要です。

170-8790

333

東京都豊島区高田3-10-11

自由国民社

愛読者カード　係 行

〒□□□-□□□□	都道府県		市郡(区)	
アパート・マンション等、名称・部屋番号もお書きください。				
フリガナ	電話	市外局番	市内局番	番号
			( )	
	年齢	歳		
nail				

ちらでお求めいただけましたか？

店名（　　　　　　　　　　　　　　　　　　　　　　　　　　　）

ンターネット　1．アマゾン　2．楽天　3．bookfan

4．自由国民社ホームページから

5．その他（　　　　　　　　　　　　　　　　　　　　　　　　）

記入いただいたご住所等の個人情報は、自由国民社からの各種ご案内・連絡・お知ら
このみ利用いたします。いかなる第三者に個人情報を提供することはございません。

『明日、パリを歩くなら　何度でも迷い込みたい小道のお話』
をご購読いただき、誠にありがとうございます。
皆さまのお声をお寄せいただけたら幸いです。

●本書をどのようにしてお知りになりましたか。

□新聞広告で（紙名：　　　　　　　　　　　　　　　　　　　新聞

□書店で実物を見て（書店名：

□インターネット・SNSで（サイト名等：

□人にすすめられて

□その他（

●本書のご感想をお聞かせください。

※お客様のコメントを新聞広告等でご紹介してもよろしいでしょうか？
（お名前は掲載いたしません）　□はい　□いいえ

ご協力いただき、誠にありがとうございました。
お客様の個人情報ならびにご意見・ご感想を、
許可なく編集・営業資料以外に使用することはございません。

HOTEL
Stella
RESTAURANT
POLIDOR

CREMERIE RESTAURANT POLIDOR
HOTEL
CAVE A VINS
POLIDOR
41

6区

Rue Servandoni

リュ・セルヴァンドーニ

セルヴァンドーニ通り

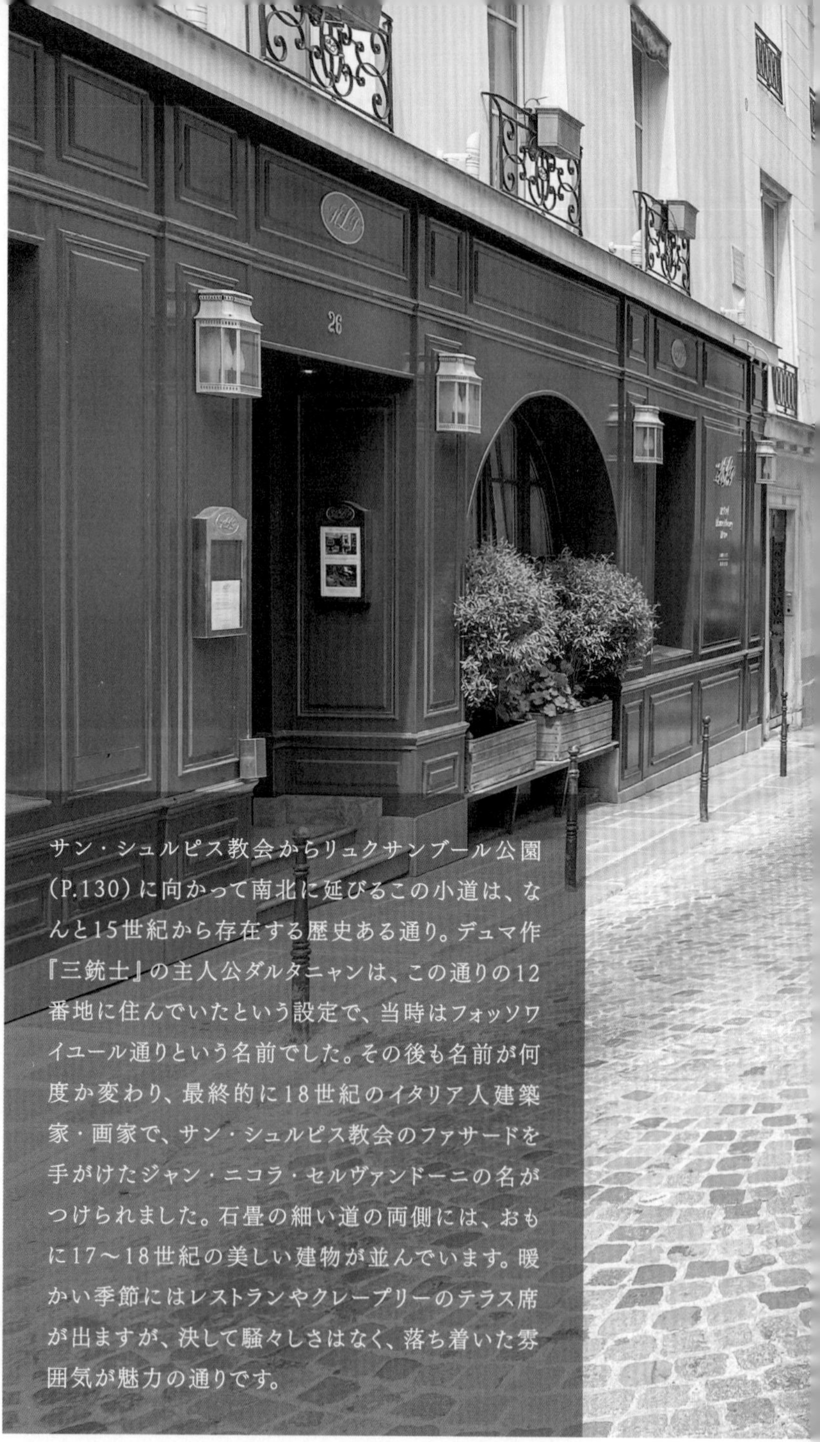

サン・シュルピス教会からリュクサンブール公園（P.130）に向かって南北に延びるこの小道は、なんと15世紀から存在する歴史ある通り。デュマ作『三銃士』の主人公ダルタニャンは、この通りの12番地に住んでいたという設定で、当時はフォッソワイユール通りという名前でした。その後も名前が何度か変わり、最終的に18世紀のイタリア人建築家・画家で、サン・シュルピス教会のファサードを手がけたジャン・ニコラ・セルヴァンドーニの名がつけられました。石畳の細い道の両側には、おもに17～18世紀の美しい建物が並んでいます。暖かい季節にはレストランやクレープリーのテラス席が出ますが、決して騒々しさはなく、落ち着いた雰囲気が魅力の通りです。

Restaurant
CREPERIE

6区

Pont des Arts

ポン・デ・ザール

芸術橋

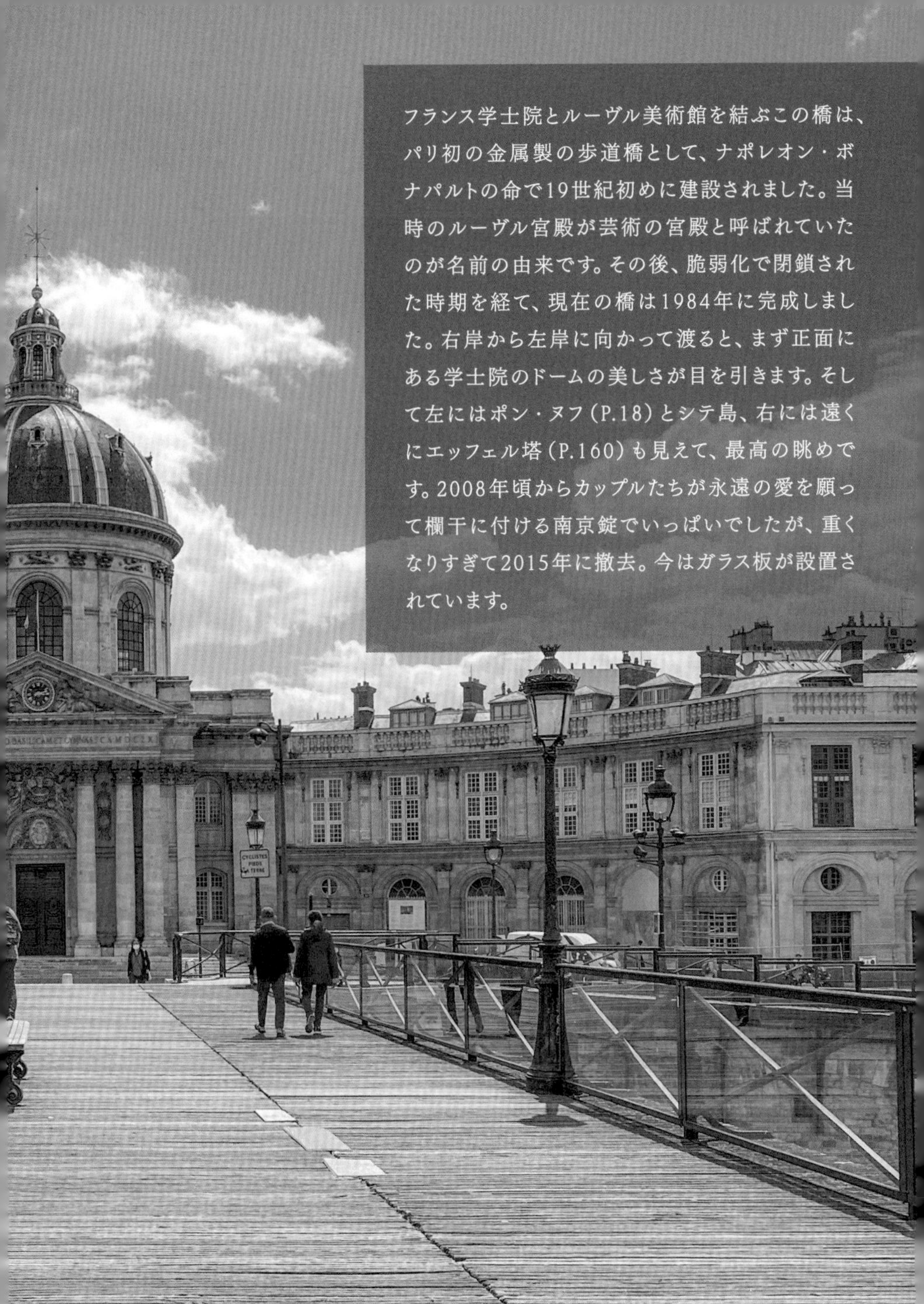

フランス学士院とルーヴル美術館を結ぶこの橋は、パリ初の金属製の歩道橋として、ナポレオン・ボナパルトの命で19世紀初めに建設されました。当時のルーヴル宮殿が芸術の宮殿と呼ばれていたのが名前の由来です。その後、脆弱化で閉鎖された時期を経て、現在の橋は1984年に完成しました。右岸から左岸に向かって渡ると、まず正面にある学士院のドームの美しさが目を引きます。そして左にはポン・ヌフ（P.18）とシテ島、右には遠くにエッフェル塔（P.160）も見えて、最高の眺めです。2008年頃からカップルたちが永遠の愛を願って欄干に付ける南京錠でいっぱいでしたが、重くなりすぎて2015年に撤去。今はガラス板が設置されています。

今でこそ、BIO（オーガニック）大国のフランスですが、このラ
スパイユ大通りに毎週日曜に立つオーガニックのマルシェは、
フランスのみならず、世界的にもBIOがさほど普及していなか
った1989年に誕生しました。朝7時から午後2時半まで、新
鮮な有機野菜や乳製品、肉や魚を求めるパリジャンたちがつ
めかけ、ピーク時には前に進むのも大変なほどの混雑ぶりで
す。みなさんもぜひトライして、マルシェで好きなものを少しず
つ買って、暮らすように旅するパリを楽しんでみてください。ち
なみに、火曜と金曜は通常の朝市が立ちます。

Boulevard Raspail

ブルヴァール・ラスパイユ

ラスパイユ大通り

Rue de Furstemberg

リュ・ドゥ・フュルステンベルグ

フュルステンベルグ通り

サンジェルマン・デプレ教会（P.136）のすぐ裏にあり、大通りからも目と鼻の先なのに、それが嘘のようにひっそりと佇む、絵になる通り。中央にあるロータリーには、立派な街灯と4本の木々が美しく配置され、それを18〜19世紀の建物が取り囲み、「広場」と呼ぶのがしっくりくる場所なのですが、「道路」が正式名称のようです。6番地にはドラクロワ美術館があり、ドラクロワが亡くなるまでの数年間暮らしたアトリエ兼住まいを見学することができます。

6区

Station Saint Michel

スタシオン・サン・ミッシェル

サン・ミッシェル駅

メトロ4号線に加え、パリ郊外を走る高速鉄道RERのB、C線も停車するサン・ミッシェル駅は構内が比較的大きいため、5ヶ所の出入口があります。最も大きいものは、フランスのアール・ヌーヴォーを代表する建築家エクトール・ギマールが手がけた、2つのランプがついたアーチ状のデザインで、サン・ミッシェル大通りにあります。サン・ミッシェル広場に立つ迫力ある噴水とセーヌ川越しに見えるシテ島の建物、どちらを背景にしても絵になります。サン・タンドレ・デ・ザール広場にあるエントランスは、「ヴァル・ドーヌの枝付き燭台」と呼ばれるメトロの看板が降り口の中央に立つ珍しいデザイン。この看板は消滅寸前と言われ、今や貴重な存在です。

METRO
SAINT-MICHEL
Glacier
alinea
CHERS PARENTS

6区

Jardin du Luxembourg

ジャルダン・デュ・リュクサンブール

リュクサンブール公園

パリ左岸のオアシスとして親しまれるリュクサンブール公園は、リュクサンブール宮殿に付随する庭園として1612年に作られました。宮殿は現在フランス元老院の議事堂として使われており、その前に広がる大きな池の周りには、「リュクサンブール」と名づけられたこの庭のシンボルとも言える椅子が置かれ、思い思いの格好でくつろぐパリジャンたちでにぎわいます。おもちゃのヨットを池に浮かべたり、ポニーにまたがって園内をまわったり、西側のギヌメ通り入口の近くにある有料遊具場で遊んだりと、一日中子供たちの楽しげな声が響きます。そして、リヨン生まれのパペット劇「ギニョール」も、1933年に園内に劇場が誕生して以来ずっと、この公園の名物です。

Théâtre du Luxembourg

Boulevard Saint Germain《ブルヴァール・サン・ジェルマン》

サン・ジェルマン大通り

名前の響きだけで、シックでエレガントなパリの光景が目に浮かぶようなサン・ジェルマン大通りは、19世紀のパリ大改造計画によって美しく生まれ変わった、全長3.1kmにおよぶ左岸を象徴する道。左岸のカフェ文化発祥のお店も、この大通り沿いにあります。教会（P.136）の立つ広場に面したLes《レ》 Deux《ドゥ》 Magots《マゴ》は、ヘミングウェイやプレヴェール、藤田嗣治、ピカソなどそうそうたる顔ぶれを常連客に持つ1885年創業の老舗カフェ。そのお隣、172番地にあるCafé《カフェ》 de《ドゥ》 Flore《フロール》は1887年にオープンし、アポリネールが主宰する雑誌の編集室が置かれたことから、サルトルとボーヴォワールをはじめ、当時の芸術家や文学者が集うようになりました。

LES DEUX MAGOTS
LES DEUX MAGOTS

Rue des Canettes

リュ・デ・カネット

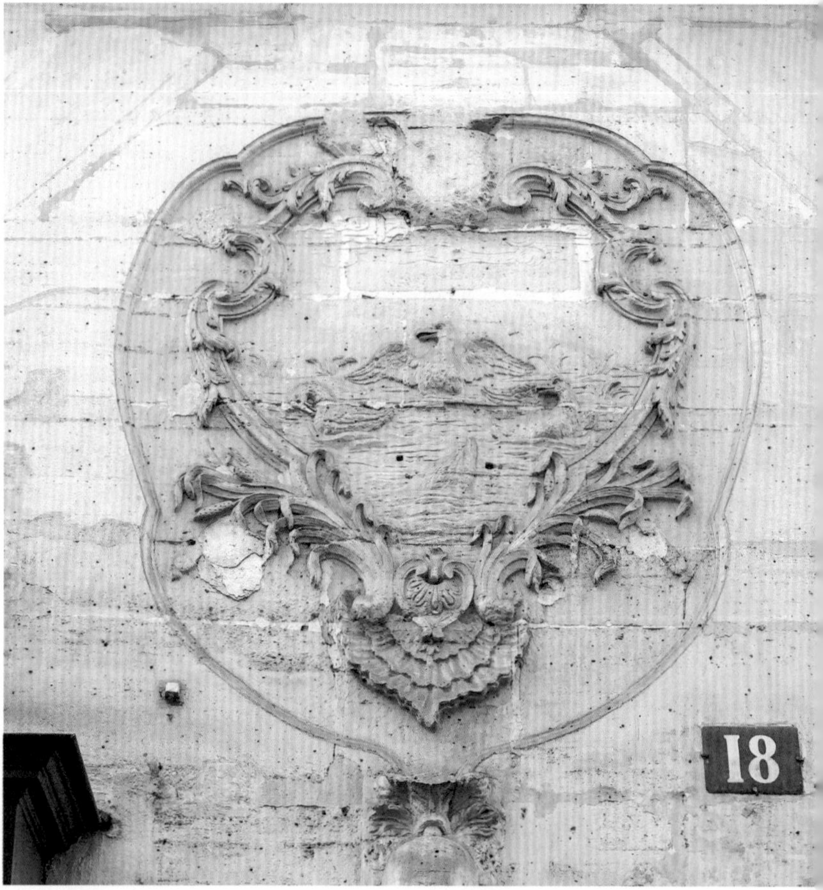

サン・シュルピス教会がそびえる広場からフール通りまで続くカネット通りは、長さ132m、幅12mという小さな道ながらも、たくさんのレストランが軒を連ねるとてもにぎやかな場所。どのお店も、人がすれ違うのもやっとのような細い歩道に椅子とテーブルを並べていて、パリジャンたちのテラス席に対する強すぎる愛とこだわりを感じずにはいられません。そしてまた、このような設置を認めるパリ市もすごいなぁとつくづく感心します。「雌鴨通り」というかわいい名前は、18番地の壁に今も残る、水遊びをする親子の鴨が描かれたレリーフが由来です。

Officine Creative
20

Hartford

PIZZERIA Positano

6区

Rue Bonaparte《リュ・ボナパルト》

ボナパルト通り

19世紀半ば、ナポレオン3世が既存の3つの通りをつなげて、伯父ナポレオン・ボナパルトの名前をつけた通りです。歴史的記念物に指定された美しい建物が数多く立ち並び、セーヌ川沿いからリュクサンブール公園（P.130）までを結んでいます。最大の見どころはサンジェルマン・デプレ教会。パリに現存する最古の教会で、19世紀の装飾画が最近修復され、鮮やかな色彩を取り戻した姿は必見の美しさです。42番地には、トリコロールのひさしや制服をびしっと着たウェイターさんなど、いかにも「パリのカフェ」らしい佇まいのLe《ル》 Bonaparte《ボナパルト》があります。ここのテラスでエスプレッソを一杯飲んだら、マカロンやパティスリーを求めて21番地のLadurée《ラデュレ》へ！

6区

Rue Cardinale
リュ・カルディナル

Rue de Bourbon le Château
リュ・ドゥ・ブルボン・ル・シャトー

カルディナル通り
ブルボン・ル・シャトー通り

パリには、特別な何かがあるわけではないのに心惹かれるスポットがたくさんあって、この2つの通りも、まさにそんな場所です。すぐ近くのフュルステンベルグ通り（P.127）もそうですが、サンジェルマン・デプレ教会の裏手には雰囲気の良い小道がいくつかあって、のんびり散歩するのにぴったりです。通りが作られた17世紀、この辺りは教会（当時は修道院）の敷地内であったため、どちらの道にも教会の枢機卿の名前がつけられました。今は洋服やアンティークの店、アートギャラリーなどが並ぶ落ち着いたエリアです。なお、カルディナル通り6番地の、緑と白の格子が印象的なGuenmaï《ゲンマイ》は、なんと1979年から続く老舗マクロビオティックのレストラン。意識の高いこのあたりの住民に愛されています。

RUE DE L'ÉCHAUDÉ
GUENMAI

ROUX
LE DÉPOT-VENTE DE BUCI

6区

Rue de Buci《リュ・ドゥ・ビュシー》

ビュシー通り

サンジェルマン・デプレ教会の裏手に13世紀からある通り。200mほどの道に、カフェやレストラン、ホテル、ブランジュリーなどが密集する、サンジェルマン・デプレ地区きっての繁華街です。暖かい季節には歩くスペースがなくなるほど歩道にテラス席が広がり、たくさんの人でにぎわっています。一番目立つのはビュシー通りとセーヌ通り(P.144)の角にあるBar《バー》 du《デュ》 Marché《マルシェ》。赤と白のストライプのひさし、壁のモザイク、テラスの丸テーブルや籐椅子、昔ながらのカウンターなど、カフェ文化が花開いた頃を思わせてくれます。この通りはカフェやレストランの明かりが灯る時間帯も素敵なので、アペロ(食事前におつまみとともにお酒を楽しむこと)や夜のお散歩に出かけるのもいいですね。

Bar du Marché
TRAITEUR
BAR
CREPERIE

6区

Rue Mazarine

リュ・マザリーヌ

マザリーヌ通り

地下鉄オデオン駅のすぐそばからセーヌ川沿いのフランス学士院まで続くこの通り。南の方は人通りも車通りも多く、サンジェルマン・デプレ地区らしいにぎやかさなのですが、奥の学士院のドームに近づく最後の200mほどは道幅が狭くなり、17世紀の初めにこの通りが作られた頃の雰囲気はこんな感じだったのだろうかと想像がふくらみます。このあたりはアートギャラリーが多く、15番地の角にはサンジェルマンらしいLe《ル》 Balto《バルト》という老舗カフェもあります。外観も内装もちょっぴりレトロでかわいくて、常連さんたちに混じってテラスでひとときを過ごせば、この通りの住民になった気分を味わえそうです。

galerie
madé

Rue de Seine《リュ・ドゥ・セーヌ》

セーヌ通り

文豪たちが集った左岸の名物カフェは、サン・ジェルマン大通り(P.132)沿いのCafé《カフェ》 de《ドゥ》 Flore《フロール》とLes《レ》 Deux《ドゥ》 Magots《マゴ》だけではありません。セーヌ通り43番地にある1902年創業のラ・パレットは、ボザール芸術学校やギャラリーが点在するこの界隈らしく、学生や絵描きの卵たちをはじめ、セザンヌ、ピカソ、ヘミングウェイなど著名な芸術家たちに愛された老舗カフェ。そして、セーヌ川に近づくにつれ、さらに静かで落ち着いた空気が漂い、24番地には、住民たちに愛される小さな食材店が昔と変わらぬ素朴な姿で残っています。

Au-delà de la porte

7区

Quai Voltaire《ケ・ヴォルテール》

ヴォルテール河岸

セーヌ川を挟んでルーヴル美術館の向かいにあるのがヴォルテール河岸です。27番地でその生涯を閉じた哲学者ヴォルテールの名前を冠したこの通りには、エレガントな骨董店や画廊が多く並んでいます。3番地にある1887年創業のSennelier《セヌリエ》は、ピカソをはじめ、数多くの著名な芸術家たちに愛された画材屋さん。近所には国立高等美術学校もあり、芸術の香りが漂うシックな一角です。一方、13番地には、パリで最も幅が狭いことで有名な建物があります。6階建ての立派な建物に挟まれた横幅たった2.5mのこの家ですが、扉だけは建物の高さの3分の1を占めるほど大きくて、なんだかアンバランスで面白いですね。

Rue de Monttessuy

リュ・ドゥ・モンテスユイ

モンテスユイ通り

左岸を歩いていると、まったくの不意打ちで、エッフェル塔の姿が目に飛び込んでくることがありますが、そのたびに憧れのスターに遭遇したようにドキドキしてしまいます……なんて書くと、大げさだと笑われそうですが、街の一角からふと顔をのぞかせるエッフェル塔は、それほど凛として尊い感じがするのです。ラップ大通り（P.154）とブルドネ大通りを結ぶモンテスユイ通りは、そんな感覚を味わえる通りのひとつ。塔の南東側からちょっとはすに構えた姿を堪能できます。

Station Vaneau

スタシオン・ヴァノー

ヴァノー駅

メトロ10号線のヴァノー駅が開業したのは、ギマールに代表される曲線美を強調したアール・ヌーヴォーの時代が終わりを迎え、よりモダンで機能性を重視したデザインのアール・デコの時代が訪れていた1924年のこと。直線的な石造りのエントランスには、駅名と“METRO”の文字を書いた看板が掲げられ、壁の装飾も青いタイルのモザイクだけというごくシンプルなものですが、目を引かれる凛とした美しさがあります。セーヴル通りに面した出口を出て左手に数分歩けば、世界最古のデパート、ル・ボン・マルシェ（P.158）があります。

7区

Esplanade des Invalides《エスプラナード・デ・ザンヴァリッド》

エスプラナード・デ・ザンヴァリッド

アンヴァリッド広場から豪奢なアレクサンドル3世橋（P.162）まで、一直線に延びる「アンヴァリッドの散歩道」は、優雅で荘厳な眺めを愛でることのできる大通り。橋の方からアンヴァリッドに向かって見える景色も絶品で、等間隔に並ぶ街灯とその奥に輝く黄金のドーム屋根の美しさにうっとりします。大通りの両側にある芝生が敷かれた広々としたスペースは、パリジャンたちのくつろぎスポット。パリのど真ん中で、美しい風景に囲まれて過ごす贅沢さをつくづく実感します。

Rue Saint Dominique

リュ・サン・ドミニク

サン・ドミニク通り

サン・ジェルマン大通り（P.132）からシャン・ド・マルス（P.153）まで、2km近く続く長い通り。特にエスプラナード・デ・ザンヴァリッド（P.150）から西側は、おいしいブランジュリーやパティスリー、ショコラティエ、カフェ、ビストロが並び、とてもにぎやか。さらにはこの通りに接するクレール通り、ジャン・ニコ通り、マラール通りにも人気のレストランが軒を連ね、左岸随一のグルメ界隈として知られています。そして、市井の人々の日常を見守るようにして立つエッフェル塔は、ここでもやっぱり元気をくれる存在です。

7区

Rue des Saints Pères《リュ・デ・サン・ペール》

サン・ペール通り

サン・ペール通り30番地に、200年以上前からサンジェルマン・デプレの移り変わりを見守ってきたチョコレート屋さん、Debauve《ドゥボーヴ》 &《エ》 Gallais《ガレ》があります。創業者で薬剤師でもあったシュルピス・ドゥボーヴはルイ16世御用達のショコラティエで、頭痛薬を混ぜ込んだ薄いメダル型のショコラはマリー・アントワネットのお気に入りだったとか。シックな深緑のファサード、落ち着いた店構えはいつ見ても素敵なのですが、クリスマスのデコレーションが飾られている時期はその美しさもひとしおです。

Champ de Mars

シャン・ドゥ・マルス

1770年に作られたシャン・ド・マルスは、24.3haもの広さを持つ公園で、北西にエッフェル塔（P.160）、南東にエコール・ミリテール（軍学校）があります。1867年の第2回パリ万博以降は、第6回までメイン会場として利用され、1889年にエッフェル塔ができてからは、塔を間近で眺められる格好のスポットとして知られています。今も、フランス革命記念日やオリンピックなど、お祝いごとやイベントがあるごとに特設会場が設けられ、パリ市民が喜びを分かち合う大切な場所として親しまれています。

Avenue Rapp《アヴニュー・ラップ》

ラップ大通り

この大通りの一番の見どころは、なんと言っても、29番地に立つ「ラヴィロットの集合住宅」。エクトール・ギマールと並んで、フランスのアール・ヌーヴォーを代表する建築家ジュール・ラヴィロットが1900年から1901年にかけて建設した名作建築のひとつです。植物や動物、昆虫などのモチーフをあしらった大きな正面扉の有機的な曲線美、セラミック作家のアレクサンドル・ビゴが手がけた陶製タイルや、当時の名だたる彫刻家たちの彫像をふんだんに用いた贅沢な外壁やバルコニーは、100年経った今でも私たちを魅了します。エッフェル塔(P.160)から徒歩10分ほどと近いので、ついでにぜひ、立ち寄ってほしいスポットです。

livres
anciens

Rue de Verneuil

リュ・ドゥ・ヴェルヌイユ

ヴェルヌイユ通り

閑静なヴェルヌイユ通り5bis番地に、異彩を放つ落書きだらけの壁があります。ここは、フランスを代表する音楽家セルジュ・ゲンズブールが1991年に亡くなるまで長年暮らした家。才気あふれ、時には挑発的ですらあったそのカリスマ性に熱中するファンは多く、彼の死後に自然発生した、壁にメッセージを落書きするという奇妙な伝統が今も受け継がれています。そして2023年秋、娘シャルロットの計らいでこの家の一般公開が始まり（完全予約制）、向かいの14番地には美術館やバーもオープンし、これまで以上ににぎわっています。

7区

Boulevard de la Tour Maubourg《ブルヴァール・ドゥ・ラ・トゥール・モブール》

ラ・トゥール・モブール大通り

エスプラナード・デ・ザンヴァリッド（P.150）からサン・ドミニク通り（P.151）を西へ少し歩いた、ラ・トゥール・モブール大通りと交わるあたりは、エッフェル塔（P.160）がとてもよく見えるベストスポットのひとつ。もっと近づくとより大きく見えるのかと思いきや、意外とそうでもないのが視覚効果の面白いところです。大通り36番地にあるLe《ル》 Recrutement《ルクルトゥマン》というカフェ・レストランの赤いひさしとテラス席もかわいくて、通るたびに写真を撮ってしまうフォトジェニックな場所です。

7区

Rue de Babylone

リュ・ドゥ・バビロン

バビロン通り

アリスティッド・ブシコーが1852年に創業した世界最古の百貨店、ル・ボン・マルシェ。商品をショーケースに陳列、値札を付けて定価で販売、バーゲンセールを開催など、今では当たり前になったさまざまな革命を起こし大成功を収めました。今も、流行最先端のおしゃれデパートとして愛されています。裏手にあたるバビロン通り側のファサードには、緻密なモザイクが創業当時のまま残されています。「TOILE《トワル》」は布地、「RIDEAUX《リドー》」はカーテン。19世紀、美しく着飾ったマダムやムッシューたちがお買い物を楽しむ様子が目に浮かぶようです。

ユニヴェルシテ通り

Rue de l'Université

リュ・ドゥ・リュニヴェルシテ

左岸の7区を東西に走る2785mの「大学通り」は、サン・ペール通り（P.152）と交わるところから始まり、サン・ジェルマン大通り（P.132）と交差し、エスプラナード・デ・ザンヴァリッド（P.150）とさらにラップ大通り（P.154）を横断して、エッフェル塔のふもとまで続きます。エッフェル塔に最も近い225番地あたりでは、アパルトマンに挟まれた通りの奥に、エッフェル塔が間近にそびえる、ここでしか見ることのできない大迫力の風景が広がります。写真を撮る旅行者が少ない早朝に行くのがおすすめです。

Tour Eiffel

トゥール・エッフェル

エッフェル塔

パリのシンボル、みんな大好きエッフェル塔。塔そのものの美しさもさることながら、高層ビルがほとんどないパリ市内で、高さ330mからの眺めは格別です。内部は1階、2階、最上階に分かれており、それぞれ展望デッキがあります。日中、パリのさまざまなモニュメントを探す楽しみも捨てがたいですが、ここはあえて夜景の眺めをおすすめしたい！ 宝石箱のようにキラキラと輝くパリの街を見下ろす……きっと忘れられない思い出になるはず。日没後、毎時ちょうどから5分間、2万個の電球が一斉に輝くシャンパン・フラッシュも必見です。

Jolies façades

8区

Pont Alexandre III

ポン・アレクサンドル・トロワ

アレクサンドル3世橋

右岸のグラン・パレ、プチ・パレと、左岸のエスプラナード・デ・ザンヴァリッド（P.150）を結ぶこの橋は、フランスとロシアの友好の象徴として1900年のパリ万博に合わせて建設されたため、ロシア皇帝の名前がつけられています。美しいアーチを描く鋼鉄の橋で、アール・ヌーヴォーの街灯や、橋全体にちりばめられた天使やニンフ（妖精）の彫刻など、パリで最も華やかな装飾の橋です。四隅の柱の上には、近年、金箔が貼り替えられてますます輝きを増した、芸術、農業、闘争、戦争の女神が立っています。アンヴァリッドの黄金のドームが西日に照らされる夕暮れや、夜にライトアップされた橋の姿はとても幻想的。エッフェル塔の眺めも最高です。

8区

Galerie de la Madeleine

ギャルリー・ドゥ・ラ・マドレーヌ

ギャルリー・ド・ラ・マドレーヌ

マドレーヌ広場の片隅、マスタードの老舗Maille《マイユ》の左隣にあるパッサージュ。美しい床のタイルやガラス天井など、19世紀半ばの建設当時のディテールがそこかしこに残されています。かつては庶民的な商店や職人の工房が並んでいましたが、今は高級ブティックが軒を連ね、シックな雰囲気が漂います。パッサージュの入口にあるパネルには、ジャン・コクトーと彼の恋人だった俳優ジャン・マレーが、この建物の上階で共に暮らしていたと記されています。パリでは、このように有名人が暮らした場所が示されていることが多く、歴史に思いを馳せられます。

Rue Saint Lazare

リュ・サン・ラザール

カフェやレストラン、銀行、ホテル、薬局、映画館など、あらゆるお店が並ぶサン・ラザール通りは、国鉄駅周辺らしい雑多でにぎやかな通り。119番地に佇む、木とレンガでできたアルザス風の古めかしい一軒家は、背の高い建物に挟まれて、まるでそこだけ時間が止まったかのよう。杯を掲げる王様と屋根の上のコウノトリの像が目印のこの建物は、元は19世紀末に開業したAu《オ》 Roi《ロワ》 de《ドゥ》 la《ラ》 Bière《ビエール》（ビールの王様）というブラッスリーでした。1998年からは、世界でもレアな、パリならではのマクドナルドとして知られています。

Avenue des Champs Élysées

アヴニュー・デ・シャン・ゼリゼ

シャンゼリゼ大通り

コンコルド広場（P.168）と凱旋門（P.171）を結ぶ全長1910mのシャンゼリゼ大通りは、世界中からの観光客でにぎわうパリの中でも特段に華やかな通り。並木道に縁取られた石畳の一本道がまっすぐ延びるその光景には、何度訪れても新たな感動を覚えます。月1回、日曜に歩行者天国が催されるほか、革命記念日の軍事パレード、自転車レースのゴール、大晦日のカウントダウンなど、パリ市民が一緒にお祝いごとを楽しむ場所としても愛されています。クリスマス恒例のイルミネーションも夢のような美しさです。パリ市は今、2030年の完了を目指して、シャンゼリゼの緑地化計画に取り組んでいます。これからどんな風に変わっていくのか楽しみです。

BIGBUS PARIS

Place de la Concorde

プラス・ドゥ・ラ・コンコルド

コンコルド広場

シャンゼリゼ大通り（P.166）とチュイルリー公園（P.26）の間に、ルイ15世広場として1763年に誕生したパリ最大の広場。フランス革命時には革命広場と改称され、ルイ16世とマリー・アントワネットがここで処刑されました。1830年にコンコルド広場と名を変え、豪奢な噴水やエジプト国王から贈られたオベリスクが設置されて現在の姿になりました。時代の変遷を見つめてきたこの広場は、今なお、7月14日の革命記念式典が行われるなど、国の大切な行事の舞台となることが多く、美しさの陰に、歴史の重みも感じられます。広場と国民議会を結ぶコンコルド橋からの眺めや、ライオン像が見下ろすメトロの入口もフォトジェニックです。

METRO

Passage Puteaux

パッサージュ・ピュトー

すぐ近くにサン・ラザール駅が建設されることを知った不動産デベロッパー、ルイ・ピュトーが1839年に作ったこのパッサージュは、パリで最も短いパッサージュです。結局、国鉄駅は予定よりもう少し北側に建てられたので、彼の目論見は外れ、期待したほどにぎわうこともないまま現在に至ります。そんなちょっぴり忘れられた存在のパッサージュ・ピュトーですが、だからこそ昔のままの静けさが漂い、パリらしさをしみじみと実感できます。カフェやワインバーでは地元っ子たちがのんびりと過ごしています。

8区

Arc de Triomphe《アルク・ドゥ・トゥリオンフ》
Place Charles de Gaulle《プラス・シャルル・ドゥ・ゴール》

凱旋門
シャルル・ド・ゴール広場

ナポレオンの命で建設され1836年に完成した凱旋門はまさにフランスを代表するモニュメント。シャンゼリゼ大通り（P.166）から地下道に入り、入口でチケットを買えば、そこから階段で屋上まで上がれます。広場から放射状に12本の道路が延びる姿が星のように見えることから、以前はエトワール（星）広場と呼ばれていました。ルーヴル美術館からチュイルリー公園（P.26）、コンコルド広場（P.168）、シャンゼリゼ大通り、凱旋門を挟んで反対側、ラ・デファンスの新凱旋門や高層ビル群まで続く景色の美しさは一見の価値ありです。

9
区

Place de l'Opéra《プラス・ドゥ・ロペラ》
Rue Auber《リュ・オベール》

オペラ広場
オベール通り

日本人旅行者にとって馴染みのあるオペラ地区。その名前の由来となっているのが、1875年に誕生したネオ・バロック様式のこのオペラ座で、建築家の苗字を冠したオペラ・ガルニエが正式名称となっています。外観はもちろん、大階段やグラン・ホワイエの豪華絢爛な内装に、弱冠35歳でコンペを勝ち抜いた建築家シャルル・ガルニエの、若き情熱と才能が感じられます。ロッジアと呼ばれるテラスからは、パレ・ロワイヤル(P.22)まで一直線に延びるオペラ大通り、ラ・ペ通りの角に立つ1862年創業の老舗Café《カフェ》 de《ドゥ》 la《ラ》 Paix《ペ》など、オスマン建築がずらりと並ぶ優雅な景色を一望できます。劇場見学用の入口があるオベール通り側のファサードも、また違った上品な美しさがあります。

9区

Passage Verdeau

パッサージュ・ヴェルドー

パッサージュ・ヴェルドー

パッサージュ・ジュフロワ（P.48）の北の出口から通りを渡れば、少し遅れて1846年に建てられたこのパッサージュの入口が見えます。大きなガラス天井から明るい光が入る、とても美しいネオクラシック様式のパッサージュです。奥に引っ込んだロケーションのせいなのか、建設当時からずっと、お隣のジュフロワやパノラマに比べて人通りが少なかったというこの場所ですが、1980年、近所にオテル・ドゥルオーというオークションハウスができたことをきっかけに、多くの骨董店がここに店を構えるようになり、にぎやかになりました。他にもアートギャラリーや古本屋さん、レストランなどが静かに立ち並ぶ、素敵なパッサージュです。

9区

Rue du Faubourg Montmartre

リュ・デュ・フォブール・モンマルトル

フォブール・モンマルトル通り

フランス革命期、モンマルトルの丘に隣接するパリ北部はフォブール・モンマルトル地区と呼ばれ、この通りが中心街でした。とはいえこの道そのものはもっと歴史が古く、3世紀の司祭、聖ドニが丘で斬首刑を受ける前に通ったとされています。35番地には1761年創業、現存するパリ最古のコンフィズリー＆ショコラトリー、À《ア》 la《ラ》 Mère《メール》 de《ドゥ》 Famille《ファミーユ》があります。緑色のファサードに金色の店名が刻まれた看板、床のタイルや木製の棚など、その美しさは一見の価値あり。ショコラはもちろんカリソン（南仏の砂糖菓子）、ヌガーなど伝統菓子のおいしさも評判です。

9区

Terrasse des Galeries Lafayette

テラス・デ・ギャルリー・ラファイエット

ギャラリー・ラファイエットの屋上テラス

1895年創業のギャラリー・ラファイエットは旅行者にもおなじみのデパートですが、その本館屋上に、パリを一望できるテラスがあることをご存知ですか？ 毎日午前10時（日曜は11時）から午後8時まで誰もが無料でアクセスできる、隠れた絶景スポットです。すぐ目の前にある大迫力のオペラ・ガルニエ（P.172）とオスマン建築の奥には、エッフェル塔（P.160）、マドレーヌ寺院、ノートル・ダム大聖堂（P.74）、アンヴァリッド（P.150）、サクレ・クール寺院（P.212）など数々の有名モニュメントが見えます。日没が早い冬には夜景も楽しめ、イルミネーションで輝くクリスマスシーズンのパリもまた夢のような美しさです。

Passage Brady

パッサージュ・ブラディ

パッサージュ・ブラディ

パリの「リトル・インディア」といえばここ！ インドやパキスタンのレストランや民族衣装、雑貨のお店がずらりと並ぶ、異色のパッサージュです。ここの地主だったブラディさんの名前をつけて1828年に建設された当時はごく普通のパッサージュでしたが、1970年代にポンディシェリ出身のインド系移民が食品店をオープンしたのをきっかけに、インド＆パキスタン系のレストランや商店が次々と開店して、すっかりパリの代表的なインド人街となりました。本場のカレーを味わったり、スパイスやお香を探したり、色とりどりのサリーやストールを選んだり……パリでは珍しいカラフルな世界で、異国情緒を楽しめる面白い場所です。

PASSAGE BRADY

RESTAURANT

ENTREE

PASSAGE BRAD

10区

Place de la République

プラス・ドゥ・ラ・レピュブリック

レピュブリック広場

1789年に勃発したフランス革命をきっかけに、絶対王政の時代が終わりを迎え、République《レピュブリック》（共和国）として生まれ変わったフランス。共和国のシンボルであるマリアンヌ像が立つレピュブリック広場は、フランス人が大切にする自由や平等、革命の精神を象徴する場所でもあります。5月1日のメーデーをはじめ、デモや集会の集合場所としても使われ、近年も、パリ同時多発テロ事件といった痛ましい出来事があるたびに、パリ市民が自然とこの広場に集まり、花やキャンドルをマリアンヌ像の周りに供えていきます。

Rue Yves Toudic

リュ・イヴ・トゥディック

イヴ・トゥディック通り

レピュブリック広場（P.180）とサン・マルタン運河（P.182）の中間に位置するこの通りには、朝から行列ができるパン屋さん、Du《デュ》 Pain《パン》 et《エ》 des《デ》 Idées《ジデ》があります。オーガニックの小麦粉や良質なバターなど、厳選した原材料を用い、できる限り手作業で丁寧にパンを作り、ブランジュリーの伝統を大事に守り続ける名店。人気のエスカルゴ（うず巻きデニッシュ）を買って、運河沿いで食べるのがおすすめです。周辺のマルセイユ通りやランクリー通り、ヴィネグリエ通り（P.185）にもいろんなお店が並んでいるので、併せて訪ねてみて。

Canal Saint Martin

カナル・サン・マルタン

サン・マルタン運河

バスティーユ広場近くのアルスナル港からパリ北部のラ・ヴィレット貯水池まで続く全長4.55kmのサン・マルタン運河は、1825年の開通以来、セーヌ川とはまた違った魅力の都会のオアシスとして、人々に愛されるくつろぎスポット。特に、10区のヴァルミー河岸とジェマップ河岸の周辺は、映画『アメリ』で見た下町情緒あふれる景色が広がり、並木に縁取られた運河べりに腰をおろして、サンドイッチをほおばったり、友人とおしゃべりをしたりする、パリジャンの何気ない日常を垣間見ることができます。地元の常連でにぎわうカフェやビストロ、行列のできるパン屋さん（P.181）、セレクトが素敵なアート系書店など、界隈を散策するのも楽しいです。

Porte Saint Denis

ポルト・サン・ドゥニ

パリの凱旋門といえば、エトワール凱旋門（P.171）を真っ先に思い浮かべますが、実は他にも3つ存在します。ルーヴル美術館の向かい側に立つカルーゼル凱旋門（P.38）、10区のサン・マルタン門、そして同じく10区にあるこのサン・ドニ門です。ルイ14世のオランダでの戦勝を祝って1672年に建てられたパリ最古の凱旋門で、大きくブロンズ文字で「Ludovico Magno（大いなるルイへ）」と書かれています。庶民的で雑多な雰囲気の界隈に突如そびえる高さ約25mの門は、少し異様な感じすらして、見るたびに感動します。

サン・ドニ門

Rue des Vinaigriers

リュ・デ・ヴィネグリエ

ヴィネグリエ通り

ヴィネグリエ通りは、マジャンタ大通りからサン・マルタン運河（P.182）まで延びる幅10mの細い通り。運河側の突き当たりにある、年季を感じる石の小さな階段を上ると、ヴァルミー河岸に出ます。名前の由来ははっきりしませんが、ヴィネグリエには酢職人や酢壺という意味があるので、かつて酢作りで知られた通りだったのかもしれません。あまり目立たない小道とはいえ、服や雑貨を売るかわいいお店や昔ながらの書店、気取らないカフェやビストロが並ぶ隠れた散策スポット。39番地には日本でも人気のブランジュリー、Liberté《リベルテ》があります。

Rue Sainte Marthe

リュ・サント・マルト

サント・マルト通り

サン・マルタン運河（P.182）から歩いて10分ほどのサント・マルト通り周辺は19世紀半ばにパリ初の労働者住宅が建てられた場所。この通りに並んでいた縫製工房は時代と共におしゃれなカフェやレストラン、アートギャラリーなどに取って代わられましたが、庶民的でリラックスした雰囲気は今も変わりません。イエロー、ブルー、ピンク、グリーン……200mほどの通りはカラフルなファサードとストリートアートで埋め尽くされています。フレンチのビストロやワインバーはもちろん、イタリア、ブラジル、ルワンダなど、レストランの顔ぶれも多国籍で、歩くだけでワクワクします。

KHEIRA
11

31
Ici DÉGUSTE
on mange
du fromage

VATOIRE
cédric
CASANOVA
14

Cour Damoye

クール・ダモワ

クール・ダモワ

昼も夜もにぎやかなバスティーユ広場の2軒のカフェに挟まれた目立たない場所に、クール・ダモワの入口があります。一歩中に入れば、広場の喧騒が嘘のような静けさが広がっています。ここは、夜間や日曜の朝は門が閉まっていて住民しかアクセスできない小さな私道。1990年代に改修されましたが、石畳はもちろん、どこかレトロでゆったりとした雰囲気は残されています。18世紀に地主だったダモワさんがこの道を作ったとき、ここには商店や職人の工房が並んでいました。今はアートギャラリーやレザーグッズの店、珈琲豆専門店などが静かに佇んでいます。建物の上階は普通のアパルトマンで、「もしここに住んだら」とつい想像してしまうのです。

4S
érim
CUIR AU
LATELIER

11区

Boulevard Beaumarchais

ブルヴァール・ボーマルシェ

ボーマルシェ大通り

バスティーユ広場から北に延びるこの大通りは、『フィガロの結婚』などで有名な18世紀の劇作家で、この通りに屋敷を構えていたカロン・ド・ボーマルシェが名前の由来です。28番地には、ポピーやデイジー、アザミなどの野草や小麦、花束などが繊細に描かれたタイルのファサードがとても美しいブランジュリーがあります。1900年に作られたデザインのまま、歴史的記念物に指定されていて、現在もパン屋さんとして営業しています。パリにはこのように、昔の店舗のファサードや内装が大切に残されている場所がたくさんあります。

Rue Saint Sébastien

リュ・サン・セバスチャン

フランスでは、誕生日のような特別な日でなくても、気軽に花を贈る習慣があり、「花のある暮らし」をごく自然に楽しんでいる人が多い印象です。サン・セバスチャン通り14番地に佇むFragrance《フラグランス》は、いつも軒先いっぱいに季節の花がさりげなく飾られていて、思わず足を止めて眺めてしまうかわいいお花屋さん。グラフィックデザイナーから転身したクレールさんが作るブーケには、繊細でありながらも芯の強さがあり、彼女の個性と才能を感じます。近くにあるコンセプトストア、Merci《メルシー》に行くついでにぜひ立ち寄ってみてください。

Rue Crémieux

リュ・クレミュー

クレミュー通り

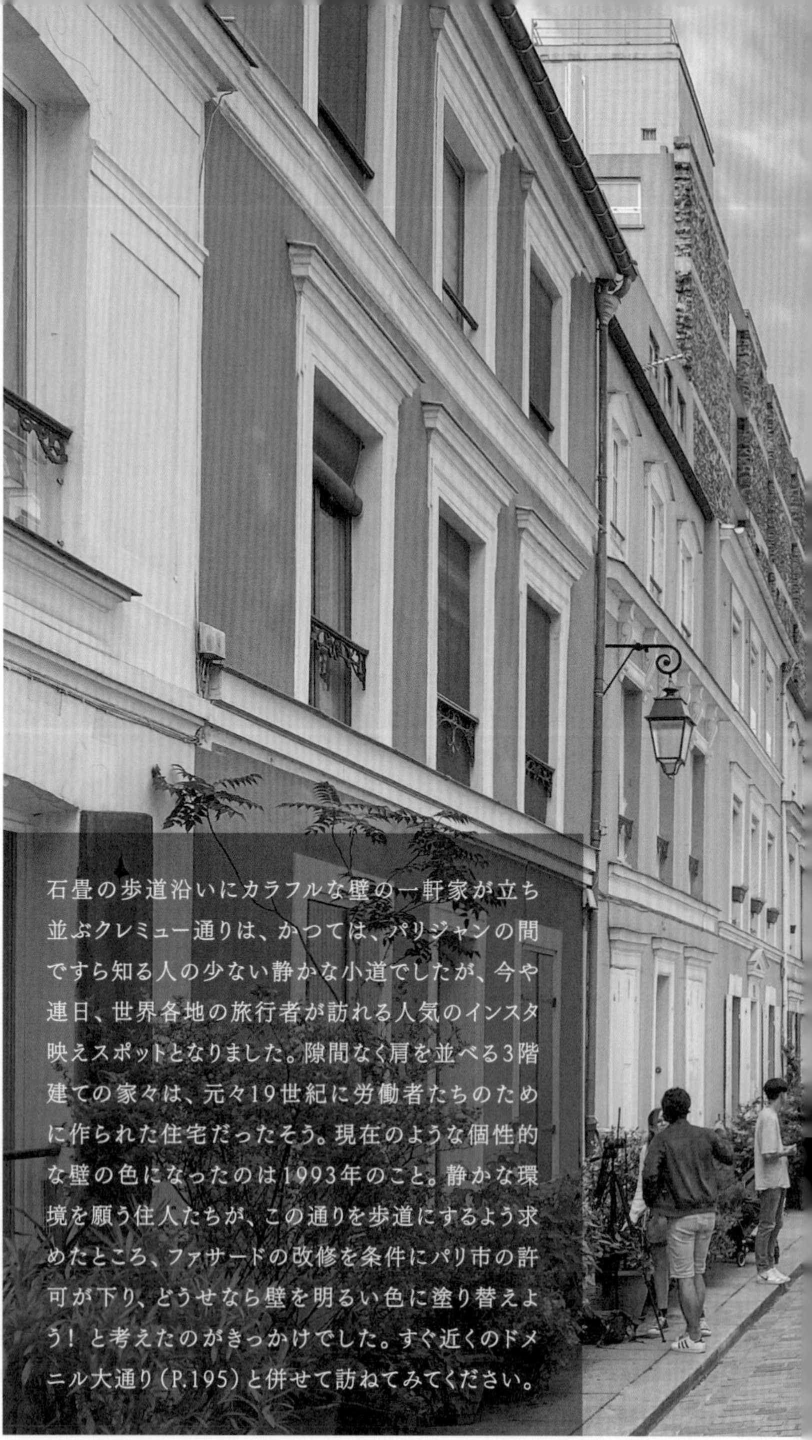

石畳の歩道沿いにカラフルな壁の一軒家が立ち並ぶクレミュー通りは、かつては、パリジャンの間ですら知る人の少ない静かな小道でしたが、今や連日、世界各地の旅行者が訪れる人気のインスタ映えスポットとなりました。隙間なく肩を並べる3階建ての家々は、元々19世紀に労働者たちのために作られた住宅だったそう。現在のような個性的な壁の色になったのは1993年のこと。静かな環境を願う住人たちが、この通りを歩道にするよう求めたところ、ファサードの改修を条件にパリ市の許可が下り、どうせなら壁を明るい色に塗り替えよう！ と考えたのがきっかけでした。すぐ近くのドメニル大通り（P.195）と併せて訪ねてみてください。

Passage du Chantier

パッサージュ・デュ・シャンティエ

バスティーユ地区は17世紀から家具職人の街として発展し、1842年に誕生したこのパッサージュにも、職人たちの工房やお店が軒を連ねていました。その伝統は今でも残っており、家具屋さんやアンティーク、絨毯の店などが並んでいます。通りの名前は、かつてここにあった薪置き場（シャンティエ）に由来しています。ちょっと薄暗い石畳の小道沿いには、色とりどりのファサードのお店がひしめきあっていて、耳を澄ませば、職人さんたちが忙しく働く音が今にも聞こえてきそうです。

Avenue Daumesnil《アヴニュー・ドメニル》

ドメニル大通り

バスティーユ広場近くからヴァンセンヌの森まで続く長い大通りで、バスティーユから1.5kmにわたり、北側に赤レンガの高架橋があります。鉄道の廃線で使われなくなった後、2000年代初頭に「Viaduc《ヴィアデュック》 des《デ》 Arts《ザール》(芸術の高架橋)」として生まれ変わりました。アーチの下にはさまざまなアーティストや職人さんたちのギャラリーやアトリエ兼ブティックがあり、歩いていて飽きません。私たちのお気に入りは2人のパリジェンヌが手がけるジャム屋さんのConfiture《コンフィチュール》 Parisienne《パリジェンヌ》。高架橋の上には緑あふれる遊歩道もあり、お散歩にぴったりの場所です。

Cité Florale

シテ・フローラル

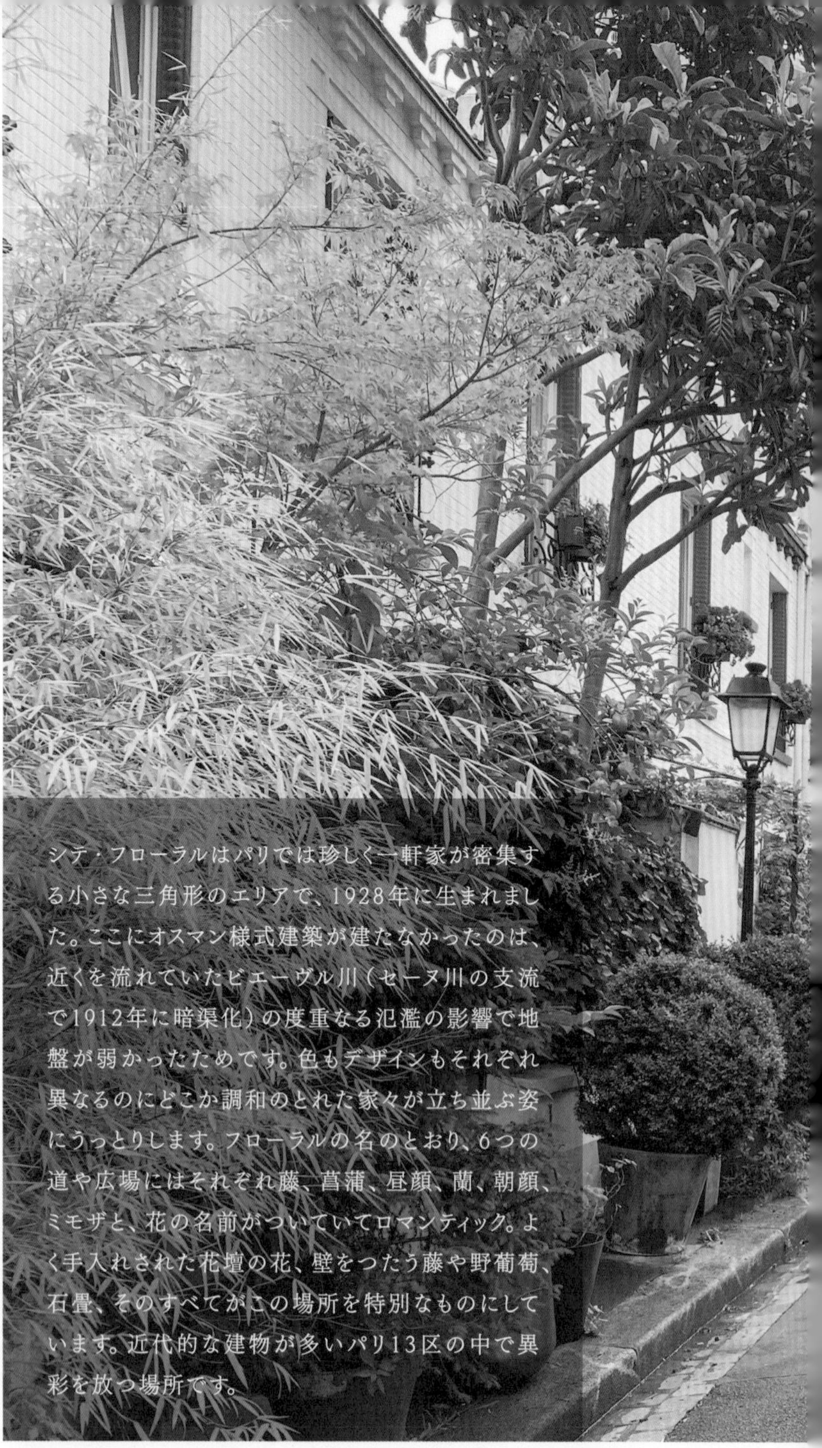

シテ・フローラルはパリでは珍しく一軒家が密集する小さな三角形のエリアで、1928年に生まれました。ここにオスマン様式建築が建たなかったのは、近くを流れていたビエーヴル川（セーヌ川の支流で1912年に暗渠化）の度重なる氾濫の影響で地盤が弱かったためです。色もデザインもそれぞれ異なるのにどこか調和のとれた家々が立ち並ぶ姿にうっとりします。フローラルの名のとおり、6つの道や広場にはそれぞれ藤、菖蒲、昼顔、蘭、朝顔、ミモザと、花の名前がついていてロマンティック。よく手入れされた花壇の花、壁をつたう藤や野葡萄、石畳、そのすべてがこの場所を特別なものにしています。近代的な建物が多いパリ13区の中で異彩を放つ場所です。

13区

Boulevard Vincent Auriol

ブルヴァール・ヴァンサン・オリオル

ヴァンサン・オリオル大通り

長い歴史のあるパリが、それでも古臭さを感じさせないのは、新しい形の芸術にも寛容なオープンさがあるからではないでしょうか。実際、この街はストリートアートの宝庫でもあります。たとえばパリの左岸を東西に横断するメトロ6号線のナショナル駅からシュヴァルレ駅にかけては、パリ13区の区役所と地元のギャラリーの尽力もあり、大きなストリートアートが集中するエリアです。このあたりに味気ない近代的な公団住宅が多いことを逆手に取り、その壁をキャンバスにして、アメリカのシェパード・フェアリー、イギリスのディーフェイス、フランスのインベーダーをはじめ、世界の有名アーティストたちが壮大な作品を残しています。

SOUTIEN A NOS SOEURS
QUI PORTENT LE VOILE

LA CIVETTE NATIONALE

Jolies façades

14区

Station Saint Jacques《スタシオン・サン・ジャック》

サン・ジャック駅

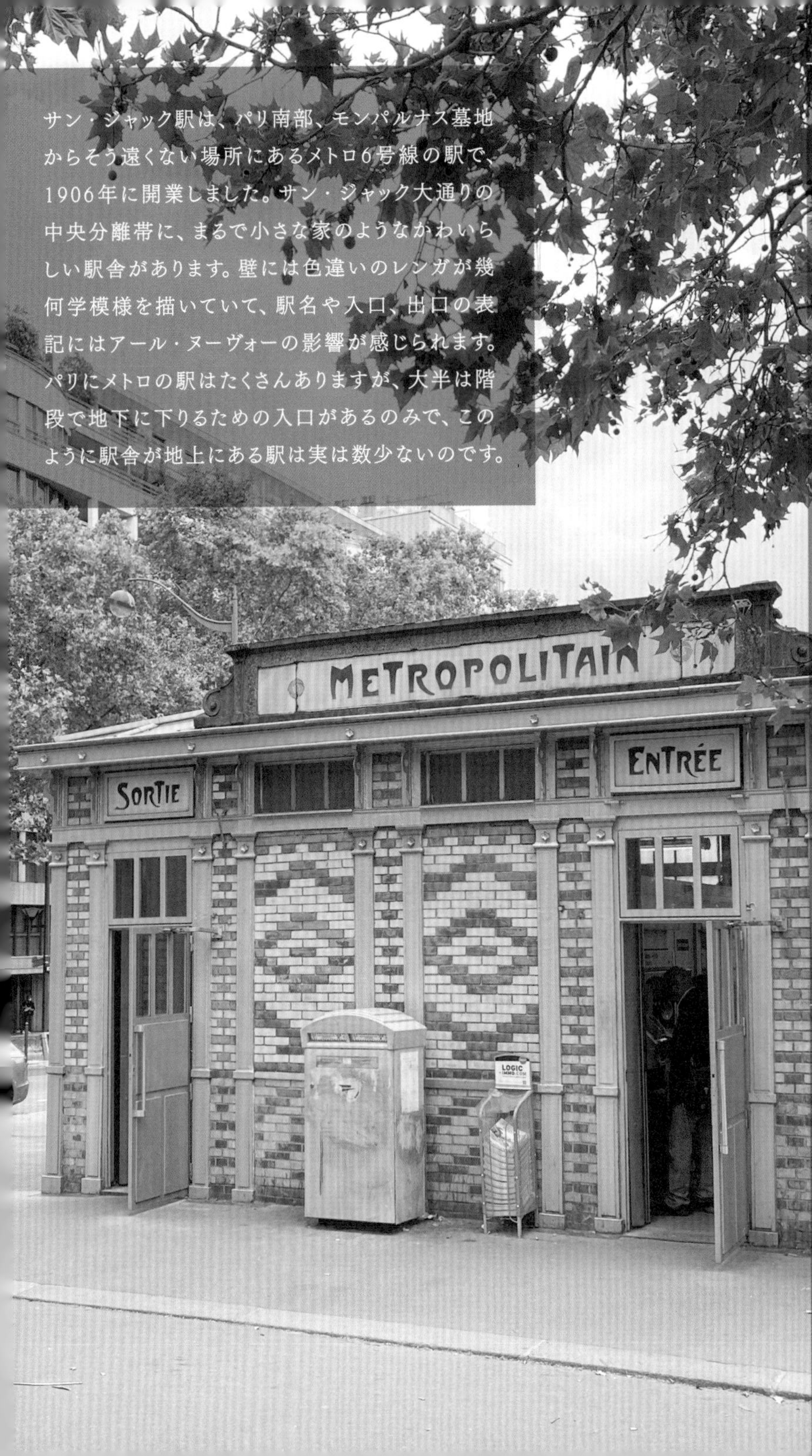

サン・ジャック駅は、パリ南部、モンパルナス墓地からそう遠くない場所にあるメトロ6号線の駅で、1906年に開業しました。サン・ジャック大通りの中央分離帯に、まるで小さな家のようなかわいらしい駅舎があります。壁には色違いのレンガが幾何学模様を描いていて、駅名や入口、出口の表記にはアール・ヌーヴォーの影響が感じられます。パリにメトロの駅はたくさんありますが、大半は階段で地下に下りるための入口があるのみで、このように駅舎が地上にある駅は実は数少ないのです。

14区

Rue des Thermopyles

リュ・デ・テルモピル

テルモピル通り

パリの南側に位置する14区は、世界最大規模の地下墓地カタコンブや2018年に開館したジャコメッティ美術館など、いくつか見どころはあるものの、旅行者には馴染みの薄い界隈かもしれません。裏を返せば、ザ・観光地的な場所にはない、ゆったりとした、気取らないパリの日常を肌に感じられる場所でもあります。メトロ13号線のペルネティ駅のすぐそばにあるテルモピル通りは、Gros《グロ》 pavés《パヴェ》と呼ばれる大きな石畳が残るかわいらしい小道。通りを縁取る4階建ての家々やアーチにはツタが絡まり、藤の花が満開になる春から初夏にかけての季節は、おとぎ話のような美しさです。私道なので、撮影はマナーを守って、静かに手短に。

Pont de Bir Hakeim

ポン・ドゥ・ビル・アケム

ビル・アケム橋

20世紀初めに作られた二層構造の橋。アール・デコのランプとエレガントな橋脚が美しい1階は歩行者と自動車用、2階にはメトロ6号線が走り、左岸のビル・アケム駅と右岸のパッシー駅を結んでいます。セーヌ川越しに見るエッフェル塔（P.160）の眺めがとにかく素晴らしく、ウェディングフォト撮影をよく見かけるのも納得。橋の2階部分はパッシー駅まで続いていて、電車が石造りの建物の間の狭いところを通る姿も見どころです。橋の中央の階段からは自由の女神像（P.208）のある白鳥の島へもアクセスできます。元はパッシー橋という名前でしたが、第二次世界大戦後、フランス軍がドイツ軍と戦った北アフリカの戦場の名前に改名されました。

Villa Santos Dumont

ヴィラ・サントス・デュモン

「ヴィラ」と聞くと豪華な別荘を思い浮かべる人が多いと思いますが、フランスでは住宅地の小さな私道のこともこう呼ぶことがあります。ここは、ヨーロッパで初めて飛行機の公開実験に成功した、飛行家で発明家のアルベルト・サントス・デュモンの名を冠した全長110mほどのヴィラ。かつてはオシップ・ザッキンやフェルナン・レジェなどの芸術家たちも暮らしていました。石畳の小道の両側に、それぞれに個性的な一軒家や低層の集合住宅が立ち並んでいます。壁がツタや藤におおわれている建物が多いうえ、手入れの行き届いた鉢植えもところ狭しと置かれていて、通り全体が緑に包まれた、まさに都会のオアシスです。

Pont de Grenelle

ポン・ドゥ・グルネル

グルネル橋

ビル・アケム橋（P.204）とグルネル橋を結ぶ形で、白鳥の島と名づけられた人工島がセーヌ川に浮かんでいます。この島の西端に、自由の女神像のレプリカが、ニューヨークの女神像と向かい合う方角に置かれています。アメリカ合衆国独立100周年を記念してフランスからアメリカに贈呈された自由の女神像は、フランスの彫刻家バルトルディがデザイン・制作したもので、彼の工房はこの橋の近くにありました。高さ11.5mで実物の4分の1ほどのサイズですが、川の中央に立つ姿は堂々としています。

Avenue de Camoëns

アヴニュー・ドゥ・カモエンス

カモエンス大通り

トロカデロ庭園（P.211）の近くにある、長さ115m、幅18mという短くて狭いこの通りは、日本語で大通りと訳すことが多いAvenue《アヴニュー》になぜか分類されています。石造りのオスマン様式建築の間から、美しくそびえるエッフェル塔を少し斜めの角度で堪能できる知る人ぞ知るフォトスポットです。実際の塔はセーヌ川の向こう側で、決して近くはないのに、不思議と目の前にあるような錯覚を覚える場所。奥には通り名にもなっているポルトガルの詩人、ルイス・デ・カモンイスの彫像を配した美しい階段があります。

Passerelle Debilly

パスレル・ドゥビリ

ドゥビリ橋

歩行者専用のドゥビリ橋は、1900年に開催された第5回パリ万国博覧会のために、人々の流れをスムーズにする目的で一時的な橋として建設されました。軍事博覧会橋という最初の名前から2度の改称を経て、イエナの戦いで戦死した軍人ジャン＝ルイ・ドゥビリの名前がつけられました。常に取り壊しの話が絶えない橋でしたが、エッフェル塔と並ぶ、当時を物語るモニュメントとして価値が認められ、1966年には歴史的建造物に指定されました。エッフェル塔の素晴らしい眺めが楽しめることもあり、数々の映画にも登場しています。

Jardins du Trocadéro

ジャルダン・デュ・トロカデロ

「エッフェル塔には正面がない」と言われていますが、脚元からてっぺんまで全体像が見えるトロカデロ庭園は、鉄の貴婦人を存分に愛でることができるベストポジションのひとつ。1937年のパリ万博に際し、エッフェル塔とシャイヨ宮を結ぶ形で作られ、立派な噴水や彫像のあるグラフィカルな庭園からセーヌ川にかかるイエナ橋、塔の脚の間を通ってシャン・ド・マルス（P.153）、さらにはトリコロールの国旗がはためくエコール・ミリテールまで続く、計算され尽くした一直線の眺めは絶品！ 園内には水族館やメリーゴーランドもあります。

Parvis du Sacré Coeur
パルヴィ・デュ・サクレ・クール

Rue du Cardinal Dubois
リュ・デュ・カルディナル・デュボワ

サクレ・クール寺院前広場

カルディナル・デュボワ通り

パリで一番高いモンマルトルの丘にそびえる白亜の教会堂、サクレ・クール寺院が完成したのは1914年と比較的最近ですが、パリを象徴するモニュメントのひとつになっています。寺院前の広場、そして、中央の階段を下りたところのカルディナル・デュボワ通りからは、見渡す限りのパリの絶景が広がります。世界中から訪れる旅行者たちが並んで階段に座る姿に、この素晴らしい景色をこの目で見ているという感動を分かち合っているようでうれしくなります。丘の上からふもとまでは公園になっていて、階段を下りながらも眺めを楽しめます。また、寺院に向かって右手の芝生越しに見える建物は、撮る角度によって沈没する船のように見えることで有名です。

18区

Station Lamarck Caulaincourt

スタシオン・ラマルク・コランクール

ラマルク・コランクール駅

モンマルトルの丘に立つサクレ・クール寺院（P.212）の裏手に位置するメトロ駅。一番の特徴は、出入口を挟む二股に分かれた階段で、高低差のあるラマルク通り（P.230）とコランクール通りを結ぶ役割を果たしています。ちなみに、この階段にも「ピエール・ダック通り」という喜劇役者の名を冠した通り名がちゃんとついています。階段を上ったところにあるコランクール通りから眺めると、パリ北部の下町の風景が遠くまで広がり、階段やメトロ看板のかわいさも相まって、何度となく写真を撮ってしまうほど魅力にあふれた一角です。1912年の開業当初は「ラマルク駅」と呼ばれていて、現在もホームの壁にLAMARCKとだけ書かれているのはその名残です。

Station Abbesses

スタシオン・アベス

アベス駅

ギマールが手がけた地下鉄のエントランスにはAとBの2種類があり、このアベス駅は、Aタイプのオリジナルが唯一現存する場所。ちなみにBタイプのオリジナルは、ポルト・ドフィーヌ駅にのみ残っており、再建されたものはサント・オポルチューヌ広場(P.44)で見られます。アベス駅は地中36mとパリで最も深い地下鉄でもあり、改札とホームの間には素敵な壁画が描かれた螺旋階段があります。かなり長いですが、頑張って上り下りするのも良い思い出になりそう。急ぎの人、体力に自信がない人はエレベーターを使いましょう。

Rue Cortot《リュ・コルトー》

コルトー通り

La《ラ》 Maison《メゾン》 Rose《ローズ》(P.228)の向かいにあるこの通りは、モンマルトルがまだパリ郊外の村だった頃から存在しました。コルトーは凱旋門(P.171)のレリーフなどを手がけた彫刻家です。12番地の、この通りで最も古い建物のひとつは現在モンマルトル美術館として使われていますが、かつてはルノワールや、ユトリロとその母で画家でもあったスザンヌ・ヴァラドンが暮らしていました。6番地には作曲家のエリック・サティが暮らした家が今も残されています。石畳に趣のある建物が並ぶ、素敵な小道です。

18区

Rue Foyatier

リュ・フォヤティエ

フォヤティエ通り

サン・ピエール広場（P.222）からサクレ・クール寺院までを結ぶ222段の階段で、その高低差は36m。このあたりは古くは修道院が、その後、19世紀初めまでは採石場があったと聞いてもピンと来ないくらい、モンマルトルの風景に欠かせない階段です。この階段が1867年に作られてから三十数年後にはすぐ隣にケーブルカーが開通して今に至ります。確かになかなか急な階段ではありますが、階段に沿って植えられた木々の下、サクレ・クール寺院を見上げながら上るのがいつも楽しみです。

18区

Rue Norvins

リュ・ノルヴァン

ノルヴァン通り

ゆるやかなカーブを描く石畳のノルヴァン通りと、サン・リュスティック通りのY字路に立つブラッスリー、Le《ル》 Consulat《コンシュラ》。そしてその奥にサクレ・クール寺院のドームがのぞくこの景色は、モンマルトルで生まれ育ったユトリロが、何度となく描いたことでも知られています。サヴォワ地方の紋章に赤と緑のストライプが目を引くひさし、赤い籐椅子が印象的なル・コンシュラは、かつてロートレックやゴッホといった画家たちが集った馴染みの場所で、今も定番のブラッスリー料理が味わえます。

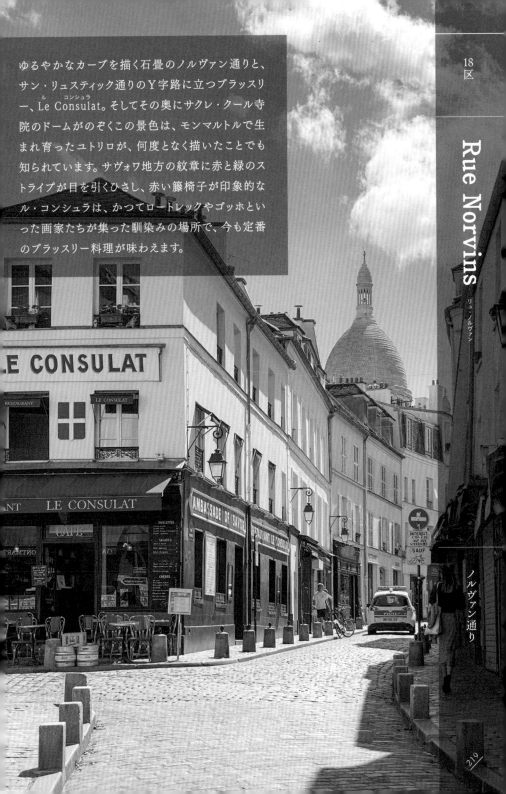

18区

Rue Ravignan《リュ・ラヴィニャン》
Place Émile Goudeau《プラス・エミール・グドー》

ラヴィニャン通り
エミール・グドー広場

アベス通りから北へ延びるラヴィニャン通りは、モンマルトルの丘まで続く石畳の坂道。小さな商店やカフェが並ぶ昔ながらの趣があり、時代物の撮影隊に遭遇することも。ガロー通りをまたいで小さな階段を上がると、石畳が敷かれたなだらかな斜面の広場が見えてきます。木々の合間に街灯やワラスの泉（水飲み場）が立ち、ベンチに腰かけてひと息つける穏やかな雰囲気が漂います。広場の13番地には、かつてピカソやゴーギャンといった芸術家たちが暮らしたアトリエ、Le《ル》 Bateau《バトー》 Lavoir《ラヴォワール》（洗濯船）の跡地があり、11bis番地にはゆかりの人物の写真が飾られています。彼らと親交のあった詩人エミール・グドーが広場の名前の由来です。

CAFE
TABAC
tabac

Place Saint Pierre

プラス・サン・ピエール

サン・ピエール広場

地下鉄アンヴェール駅を出て、土産物屋が並ぶにぎやかなスタインケルク通りを歩いて行くと、美しい装飾がほどこされた2階建てのメリーゴーランドと、その奥に真っ白なサクレ・クール寺院がそびえる広場にたどり着きます。パリの中でも、これ以上ないロマンティックな場所で、夜のライトアップされた幻想的な雰囲気も素敵です。昔の遊具というイメージが強いメリーゴーランドですが、パリにはいろんな場所に大小さまざまなメリーゴーランドがあり、今も現役で子供はもちろん、大人たちをも楽しませています。

Rue du Calvaire

リュ・デュ・カルヴェール

「通り」と名づけられているものの実際は端から端まで階段のカルヴェール通り。かなり高低差のあるテルトル広場とガブリエル通りを結ぶ近道です。この階段の上からはパリの街を見下ろせますが、傾斜がきついので、上りは避けて、下りるときに通るのがおすすめ。カルヴェールとは、十字架にかけられたキリスト像のことで、かつてこの近くに像があった名残だそうです。階段の脇の壁にはグラフィティやコラージュなどカラフルなストリートアートがたくさんあり、古き良きモンマルトルの雰囲気に不思議とマッチしています。

18区

Rue de l'Abreuvoir《リュ・ドゥ・ラブルヴォワール》
Place Dalida《プラス・ダリダ》

アブルヴォワール通り
ダリダ広場

ゆるいカーブを描く石畳に、さまざまな色やデザインの一軒家が立ち並ぶアブルヴォワール通り。その先に白亜のサクレ・クール寺院が見える素敵な風景は、ユトリロが描いた絵画でも有名で、昔と比べてもほとんど景色が変わらないことに感動します。通りの西端、ジラルドン通りと交わる角には小さな広場があり、かつてそこに家畜の水飲み場（アブルヴォワール）があったことが通り名の由来です。その広場は1996年にダリダ広場と名づけられました。1950年代後半から30年以上にわたり、エジプト出身でありながらフランスの国民的歌手として愛されたダリダは、モンマルトルの住民でもあり、広場の中央には彼女の胸像があります。

18区

Rue du Chevalier de la Barre

リュ・デュ・シュヴァリエ・ドゥ・ラ・バール

シュヴァリエ・ド・ラ・バール通り

土産物屋さんをひやかしつつ、サクレ・クール寺院の西の横顔を眺め、さらにぐるっと真後ろまで連れて行ってくれるこの通り。正面からだとドームに隠れてよく見えない、高さ80mを超える鐘楼に圧倒されます。ここの鐘は重さ19トンでなんと世界最大級。金曜午後3時、日曜午前11時、午後4時、午後6時の礼拝の15分前には、重厚な鐘の音があたりに響き渡ります。この通りには、18世紀半ばに神を冒涜した罪に問われて斬首刑に処された騎士の名前がつけられています。のちに冤罪が認められ、思想・信条の自由のシンボルになりました。20世紀初頭には、寺院の正面にこの人物の彫像が設置されていた時期もあったそう。

Rue Custine

リュ・キュスティーヌ

キュスティーヌ通り

キュスティーヌ通り45番地にあるLa《ラ》 Halte《アルト》というカフェの前を通り過ぎたら、決まって一度立ち止まり、ここからの眺めを楽しみます。カフェの赤いひさしと籐椅子が並ぶテラス席、モンマルトル名物の急な階段とその奥に見えるアパルトマンが、なんてことない風景ですが、ちょっと絵画のようなかわいらしさです。南側からアクセスすることが多いサクレ・クール寺院（P.212）ですが、たまには北側から丘に向かって歩いてみると、モンマルトルのまだ知らない表情を見つけられるかもしれません。

18区

Rue des Saules《リュ・デ・ソール》
Rue Saint Vincent《リュ・サン・ヴァンサン》

ソール通り
サン・ヴァンサン通り

サクレ・クール寺院前や画家たちが集まるテルトル広場は、モンマルトルで最も旅行者が集中するエリアで、いつもにぎわっています。一方、そこから少し離れてこのあたりまで来ると、急にのどかな風景が広がります。ソール通り沿いにあるピンクのファサードが目印のLa《ラ》 Maison《メゾン》 Rose《ローズ》は、ユトリロの絵でも有名な、昔から地元で愛されるレストラン。坂を下ると、かつてワインの産地として知られていたモンマルトル村の名残である小さな葡萄畑があります。サン・ヴァンサン通りを挟んだ向かい側にはパリに唯一残るシャンソン喫茶、Au《オ》 Lapin《ラパン》 Agile《アジル》。今にもピアフの歌声が聞こえてきそうな大衆酒場で過ごす夜、一度は体験してみたいですね。

RUE
SAINT
VINCENT

Cabaret
RUE
ST VINCENT
AU
LAPIN AGILE
CABARET

18区

Rue Lamarck

リュ・ラマルク

ラマルク通り

カルディナル・デュボワ通り（P.212）からパリのパノラマを楽しんだら、寺院に向かって右の方へ進みます。すると左手に、細くて急な階段が見えてきます。手すりを飾る街灯や植え込みの花や木々、階段の先に見えるサン・ルイとジャンヌ・ダルクの騎馬像、そして斜めの角度から眺めるサクレ・クールのフォルムが美しく、すべてがとてもフォトジェニックな場所です。この階段を過ぎると、通りの名前がラマルク通りに変わります。ここからモンマルトルの丘の北側をぐるっと周り、西側のモンマルトル墓地近くまで続く長い通りです。

サクレ・クール寺院の横手、絵描きたちが集うテルトル広場から延びるモン・スニ通りは、ここからパリの北側にある、サン・トゥアン（通称クリニャンクール）の蚤の市まで延びる1.3kmもある長い通り。モンマルトルの丘は階段が多いことで知られていますが、なかでも美しいアパルトマンに挟まれたモン・スニ通りの階段は、奥に見えるパリの風景と相まって、とても絵になります。フランスのアニメ映画『ディリリとパリの時間旅行』で、ディリリとロートレックを乗せた三輪カーゴバイクがこの階段を駆け降りるシーンは爽快です。

Rue du Mont Cenis

リュ・デュ・モン・スニ

モン・スニ通り

18区

Rue Lepic《リュ・ルピック》

ルピック通り

ブランシュ駅からモンマルトルの丘まで続くルピック通りは、アベス通りと交わったところで、一度ぐんと西にカーブしてさらにU字を描くように東側に曲がる、面白い形をした道。その昔、丘の頂上にあるサン・ピエール教会の屋根に、当時最新の通信機器だった手動のテレグラフが設置された際、馬で視察に訪れるナポレオン1世のために、坂の勾配を工夫して作られた新道でした。15番地には映画『アメリ』で一躍有名になったCafé《カフェ》 des《デ》 Deux《ドゥ》 Moulins《ムーラン》、54番地にはゴッホが身を寄せた弟テオのアパルトマン、83番地にはルノワールの絵画でも知られ、17世紀の風車が残るビストロ、Le《ル》 Moulin《ムーラン》 de《ドゥ》 la《ラ》 Galette《ギャレット》といった多くの見どころがあり、パリの下町風情を体感できます。

RUE
LEPIC

GIROLLE
Afrodita
SAT BEPA

CAFE des 2 MOULINS
BRASSERIE
BAR
BRASSERIE
BUFFETS CHAUDS
RESTAURANT
CAFE des 2 MOULINS
G20
SUPERMARCHÉ
RUE
LEPIC
ENTREES
PLATS
DESSERTS

Butte Bergeyre

ビュット・ベルジェール

ベルジェールの丘

パリ市内は想像以上に起伏があり、モンマルトルに代表されるようないくつかの丘があります。ビュット・ベルジェールはビュット・ショーモン公園の西隣に位置する標高100mほどの小さな丘。パリの中でも比較的庶民的で雑多な印象のある19区ですが、この丘と公園の周辺だけは例外的に、閑静な住宅街になっています。丘へのアクセスが通り1本と3ヶ所の階段のみというのも、ちょっとした特別感があります。入り組んだ石畳の小道を縁取るようにして並ぶ個性豊かな一軒家を眺めて、丘の上の暮らしを想像しながら歩くのも楽しいです。さらに、丘の西側からはモンマルトルの丘、そしてサクレ・クール寺院の美しい眺めが広がります。

Villa de l'Ermitage

ヴィラ・ドゥ・レルミタージュ

ヴィラ・ド・レルミタージュ

現在パリ20区に位置するベルヴィル地区は、1860年にパリ市に統合されるまで、パリの東隣に位置する村でした。ヴィラ・ド・レルミタージュは、その村の時代から今も残る小道です。このあたりの地下には採石場跡があり、地盤沈下のリスクがあったため、長い間、建物の高さは3mまでという決まりがありました。そのため、パリにしては低めの一軒家や集合住宅が、幅2mほどの細い通りに並んでいます。にょきにょきと伸びる庭の木の枝や、道路の縁石沿いに勢いよく生える草花など、豊かな緑が通りを包み込んでいて、まるで南仏の小道に迷い込んだよう。幸いにも再開発を免れ、かつて村だったこの界隈の、のどかな雰囲気を今に伝えています。

15

Jolies façades

Épilogue

おわりに

トリコロル・パリと一緒に巡るパリの街歩きはいかがでしたか？ ページをめくりながら、パリの空気感が伝わってくるような一冊になっていたらうれしいです。この本を書きはじめるにあたって、どの通りや広場、パッサージュを選ぼうかとふたりで話し合ったとき、紹介したい素敵な場所があまりにも多く、セレクトするのに思った以上の時間がかかりました。

そして、もう一度その場所に赴いて写真を撮り、通りの誕生や名前にまつわる歴史を紐解いていくと、歩き慣れたその道がもっと素敵で愛おしいものになりました。通りの変遷は、都市としてのパリはもちろん、パリ市民の暮らしやフランス文化の移り変わりを映す鏡でもあることがわかり、私たち自身、とても勉強になりました。

本を書き終えた後、パリを歩いていると、「あぁこの通りも良かったな、この場所も紹介したかったな…」という、少し後悔にも似た気持ちになってしまって困っています。もし機会があれば、ぜひ続編で、もっとたくさんのパリの通りを紹介できたらと願っています。

いつも変わらぬ丁寧なサポートで、私たちを最後まで導いてくださった担当編集者の上野茜さん、私たちの写真と文章を素敵にレイアウトしてくださり、この本にパリの空気をまとわせてくださったデザイナーの林真さんに、この場を借りて心からお礼を申し上げます。

2024年5月　パリにて

トリコロル・パリ　荻野雅代・桜井道子

明日《あした》、パリを歩くなら

何度でも迷い込みたい小道のお話

2024年7月 1 日　初版第1刷発行
2024年8月20日　初版第3刷発行

著者　荻野雅代 Masayo Ogino Chéreau
　　　桜井道子 Michiko Sakurai Charpentier
デザイン　林 真（vond°）
校正　浅沼理恵
編集　上野 茜

発行者　石井 悟
発行所　株式会社 自由国民社
〒171-0033 東京都豊島区高田3-10-11
電話 03-6233-0781（営業部）
03-6233-0786（編集部）
https://www.jiyu.co.jp/
印刷所　株式会社シナノ
製本所　加藤製本株式会社

荻野雅代

新潟県生まれ。高校時代からフランス映画と音楽をこよなく愛し、2002年に渡仏。昔ながらの手仕事や紙ものも大好きで、いろいろなお店を巡ってはフランスの「かわいいもの」探しにいそしんでいる。パリでお気に入りの場所は、おいしいコーヒーのあるカフェ。

桜井道子

京都府生まれ。語学留学をきっかけにフランスにはまり、2000年からパリ在住。仕事柄、そしてプライベートでもパリの街歩きが大好きで、週末ともなればまだ知らないカルチエを求めてパリのいたるところに出没。パリでお気に入りの場所は、セーヌ川のほとり。

TRICOLOR PARIS　トリコロル・パリ

フランス在住の日本人ふたり組（荻野雅代・桜井道子）が2010年に立ち上げたパリとフランスの情報サイト。おすすめブティックやレストラン、イベントなどの観光情報はもちろん、フランスのニュース、パリの天気を毎日の服装で伝える「お天気カレンダー」など、独自の目線でフランスの素顔をお届けしている。著書に『フランスの小さくて温かな暮らし 365日——大切なことに気づかせてくれる日々のヒント』（自由国民社）、『ぎゅっと旅するパリ 暮らすように過ごすパリ』（世界文化社）、『とってもナチュラル ふだんのひとことフランス語』（白水社）、訳書に『フランス田舎暮らし12カ月』（パイ・インターナショナル）などがある。

- https://tricolorparis.com
- twitter.com/tricolorparis
- instagram.com/tricolorparis